普通高等教育土建学科专业"十二五"规划教材

高校工程管理学科专业指导委员会规划推荐教材

工 程 管 理 概 论

（第二版）

重庆大学　任　宏　陈　圆　主编

中国建筑工业出版社

图书在版编目（CIP）数据

工程管理概论/任宏，陈圆主编. —2 版. —北京：中国建筑工业出版社，2013.7（2024.6 重印）
（普通高等教育土建学科专业"十二五"规划教材. 高校工程管理学科专业指导委员会规划推荐教材）
ISBN 978-7-112-15377-0

Ⅰ.①工…　Ⅱ.①任…②陈…　Ⅲ.①工程管理-概论
Ⅳ.①F40

中国版本图书馆 CIP 数据核字（2013）第 082766 号

普通高等教育土建学科专业"十二五"规划教材
高校工程管理学科专业指导委员会规划推荐教材

工程管理概论
（第二版）

重庆大学　任　宏　陈　圆　主编

*

中国建筑工业出版社出版、发行（北京西郊百万庄）
各地新华书店、建筑书店经销
北京红光制版公司制版
北京市密东印刷有限公司印刷

*

开本：787×960 毫米　1/16　印张：13½　字数：230 千字
2013 年 8 月第二版　2024 年 6 月第二十一次印刷
定价：**26.00 元**（赠送课件）
ISBN 978-7-112-15377-0
（23472）

本书是面向工程管理专业新生开设工程管理概论课程用的教材，全书系统总结了工程管理行业及学科的产生、发展过程，全面阐述了工程管理行业及学科的支撑平台、教学体系和发展态势，详细介绍了工程管理专业课程设置、实验学习和工程管理行业市场准入等基本情况，对学生学习工程管理相关知识和确定就业方向提出了建议。在以上内容的基础上，本版教材新增了工程管理的内容体系和方法体系，期望读者能够对工程管理行业和工程管理类专业有更加全面的认识和系统的了解。此外，还新增了有关建筑业和房地产业概况的章节。全书共包括工程管理历史沿革、工程管理内涵、建设工程管理概述、工程管理的支撑平台、工程管理专业教学体系、工程管理市场准入与就业导向六章。在内容选择和表述方式上，全书注重理论与实践相结合，具有资料翔实、内容新颖，结构紧密、图文并茂，表述简洁、深入浅出的特点。

本书既可作为高等学校工程管理及相关专业的教材，也可作为土木工程、建设管理等行业和部门从业者了解相关情况时学习参考资料。

本书向授课教师赠送课件，有需要者可发邮件至 niusong2008@163.com 或 cy20061026@163.com。

＊　　　＊　　　＊

责任编辑：牛　松　张　晶

责任设计：李志立

责任校对：王雪竹　刘梦然

第 二 版 前 言

本书从 2007 年 7 月问世至今，六年时光转瞬即逝。在这六年里，越来越多规模空前、体量巨大、结构复杂、外形新颖、功能完善的大型项目和复杂项目出现在各个建设领域。实践证明，这些项目的顺利实施，凸显了"工程技术"和"工程管理"的完美结合。从更广的角度审视我国城乡面貌的巨大变化和建设领域日新月异的发展，"工程技术"与"工程管理"犹如一对亲密战友，相互依靠，相互扶持，并肩携手共同打造了"世界第一建筑市场"，在我国新型工业化和城市化进程中发挥了重要作用。"工程管理"在工程项目特别是大型和复杂性项目实施全过程中不可或缺的地位与作用得到更为广泛的认可。

与此同时，经济、社会、自然环境、人力资源等工程项目实施约束条件的改变和现代科技的飞速发展，促使土木工程及相关行业着力调整产业结构，转变增长方式，推动产业升级和注重技术进步。在此背景下，目前及今后相当长的一个时间阶段内，土木工程行业各领域的工程项目建设除了传统的质量、进度、成本（投资）三大约束目标外，在类型多样性、功能综合性、结构安全性以及材料、环境、外观、节能等方面的技术和管理创新将不断加强，工程建设活动组织与过程管理的复杂性、综合性和国际化、信息化程度必然随之显著提高。土木工程行业的发展，对工程管理类专业人才培养提出了新的更高的要求；基于土木工程行业背景的《工程管理概论》也理应随之做出相应的调整。

为培养工程管理类专业毕业生从事土木工程行业工作的职业素养，增强工程管理类专业毕业生适应土木工程行业发展需要的能力，提高《工程管理概论》课程的教学效果，《工程管理概论》2007 版有必要在认真总结教学实践，广泛征求各方面意见的基础上增加、更新部分课程内容。为此，我们对《工程管理概论》作了重新修订。新版的《工程管理概论》新增了工程管理的内容体系和方法体系，期望读者能够对工程管理行业和工程管理类专业有更加全面的认识和系统的了解。此外，还新增了有关建筑业和房地产业概况的章节。建设工程管理既是工程管理的重要组成部分，也是本书重点讨论的内容。建设工程管理直接或间接服务于国民经济的各行各业，其中与建筑业与房地产业的关系最为紧密。厘清这两大行业各自的内涵与外延，了解它们之间的区别与联系，可以帮助我们尽早建立起对于学习建设工程管理以及将来从事这一行业的正确认识。

由于作者知识和能力有限，《工程管理概论》第二版的不足在所难免。切望在校的老师、学生，工程管理界的专家和同仁们批评、指正。

目　录

第一章 工程管理历史沿革

漫长的人类文明和社会发展过程中，伴随着大量建筑的建造实践，人类逐步积累、提炼并不断充实完善了工程管理的理论基础和技术方法。从工程管理行业的发展进程看，大致可以分为三个主要阶段。

第一节 人类工程实践催生工程管理萌芽

人类最初的工程以土木工程为主，主要包括房屋（如皇宫、庙宇、住宅等）、水利和交通设施（如运河、沟渠、道路、桥梁等）、军事设施（如城墙、兵站等）以及陵墓工程的建设。在这些工程的建造过程中，古人因地制宜，就地取材，针对规模浩大的劳动组织和纷繁复杂的施工安排采取积极有效的对策和措施，充分体现了古人朴素的工程管理思想。

长城（图 1-1）是人类文明史上最伟大的建筑工程之一，它始建于 2000 多年前的春秋战国时期，秦朝统一中国之后将断断续续的各段长城连接为一体，绵延万里，横亘千年，堪称世界奇迹。在完成万里长城这一伟大工程时，工程设计和施工组织者发挥了很强的创造力，显示了高度的聪明才智。

图 1-1 长城

在工程选址方面，据成书于公元前 93 年的我国第一部纪传体通史——《史记》记载，"筑长城，因地形，用制险塞"，即长城大多都是沿山脊而筑，充分利用山体河流作为防御屏障，这不仅是古代军事战略需要，而且在总体上可以最大限度地节省人力和材料，充分体现出古人在建设方案选址时因地制宜的思想。

在施工组织方面，秦始皇时期修筑长城征用全国男劳力50余万人，加上其他杂役共300余万人，占当时全国男劳力的一半以上。组织如此大量的劳动力进行施工，必然有一套严密的甚至残酷的组织措施作为保证。据文献和长城碑文记载，当时修筑长城是由各军事辖区的首长（往往是皇帝直接派出的巡抚、巡按）向朝廷上疏，阐明当时当地防卫的具体情况，提出修筑长城的申请，经朝廷同意后再组织施工。施工任务下达后，由中央政权从全国各地征调军队和募集民夫到重点地区去修筑。而在具体修筑时，是按军队编制组织进行的。如今，在石筑城墙残基上，有的地段发现明显的接痕墙缝，证明当时修筑长城是采用分区、分片、分段包干的办法，先将某一段修建任务分配给戍军某营、某卫所，再下分到各段、各防守据点的各个戍卒。施工时分有督理人员和具体施工管理人员。督理人员一般属职位较高的巡抚、巡按、总督、经略、总兵官等。而施工人员以千总为组织者，千总之下又设有把总分理。正是这样一条脉络清晰的直线式组织线路，才有可能保证施工期间管理严密、分工细致、责任明确。

在材料采集供应方面，长城横亘万里，地域范围很广，而且各段修筑的时间先后不一，建造工期往往又很紧迫，在这种情况下就地取材就显得格外重要。近年在蓟镇长城沿线发现的大量为建造长城提供原材料的砖窑、灰窑、采石场遗址和记载材料供应情况的石刻碑文，表明古代建造者在长城的建造过程中已经懂得"就地取材、因地制宜"的道理，显示了古代建造者在材料采集、运输和供给保障方面的智慧。

在质量控制方面，作为古代"国家级"防御工程，长城修筑的质量必然是当时统治者最为关注的因素。为确保长城修建工程的质量，明代在隆庆以后大兴"物勒工名"（即在长城墙体及其构件上标注建造责任人的姓名），以此形式对整个工程实行责任制管理。考古工作者和长城专家在长城上发现和收集了一批石刻碑文，这些碑文明确记录了每次修筑的小段长城（包括敌台）的位置、长度、高度、底顶宽度外，还刻上了督理官员的官衔、姓名、部队番号，施工组织者及石匠、泥瓦匠、木匠、铁匠、窑匠等的名字。如果城墙倒塌、破损，就按记载来追查责任。正是因为实行了严格的责任制，万里长城才能在经历了千百年的风雨磨炼后依然"塞垣坚筑势隆崇"。

在投资控制方面，尽管历代君王为抵抗外敌入侵在人力、物力、财力投入方面十分慷慨，但据《春秋》记载，建造长城所做的计划也十分周到细致。不仅准确计算了城墙的土石方量和所需各类材料的用量，连所需的人力以及从不同地区征集劳力、往返的路程、所需口粮都一一予以明确细致的安排，力求保障有力、供应有序。

在进度控制方面，由于当时生产条件所限，长城的建造难度很大，其工程进度较为缓慢。然而，在每次修筑时，统治者要求的工期往往又非常紧迫，建造者必须采用各种办法以求加快进度。例如在难以行走的地方人们排成长队，用传递的方法把修筑材料传递到施工场地；在冬天人们则在地上泼水，利用结冰后摩擦力减小的原理推拉巨大的石料；在深谷中人们用"飞筐走索"的方法，把建材装在筐里从两侧拉紧固牢的绳索上滑溜或牵引过去。这些办法在节省劳动力的同时，也大大节省了时间，加快了施工进度。

除了万里长城之外，我国古代的工程建造者在下列工程实践中，也显著地创造和丰富了工程管理的思想方法和技术手段。

始建于公元前256年的四川都江堰水利工程（图1-2）是世界上最长的无坝引水工程。它巧妙地将"鱼嘴"分水工程、"飞沙堰"分洪排沙工程、"宝瓶口"引水工程结合起来，充分利用自然条件和地理环境对洪水进行疏导，达到以灌溉为主，兼有防洪、水运、供水等工效的目的。其规模之大、规划之缜密、技术之合理，

图1-2　都江堰水利工程

均前所未有，并一直沿用至今。都江堰水利工程不仅强调了各功能区域结构布局的协调，同时制定了一系列协调措施对分洪、排沙、引水进行管理，突出了整个系统的协调配合。

位于陕西省西安市以东35公里的临潼区境内的秦始皇陵（图1-3为秦始皇陵兵马俑），是世界上最大的地下皇陵，能与之媲美的仅有古埃及金字塔这座世界上最大的地上王陵。秦始皇陵从公元前246年秦始皇即位便动工修建，前后历时38年之久，比著名的埃及胡夫金字塔的修造时间还要长8

图 1-3　秦始皇陵兵马俑

年。动用修陵人数最多时近80 万，几乎相当于修建古埃及胡夫金字塔人数的 8 倍。

位于四川省乐山市的乐山大佛（图 1-4）开凿于唐玄宗开元初年（公元 713 年），佛像高 71m，素有"佛是一座山，山是一尊佛"之称，是世界最高的大佛，建造耗费了 90 余年。大佛头长 14.7m，头宽 10m，肩宽 24m；耳长 7m，耳内可并立二人；脚背宽 8.5m，可坐百余人。大佛内部包含着一套设计巧妙、隐而不见的排水系统，对保护大佛起着重要作用。虽经千年风霜，乐山大佛至今仍安坐于滔滔岷江之畔。

据《梦溪笔谈》记载，北宋时期（公元 1008～1016 年），皇室大臣丁渭在修复皇宫工程中通过"挖沟取土、以沟运料、废料填沟"这一高明的施工方案，收到了"一举而三役济，计省费以亿万"的最佳效果，可谓是古代工程管理中因地制宜优化施工方案而提高工作效率、降低工程成本的典范。

公元 1100 年，我国著名的古代土木建筑家李诚编修了《营造法式》，汇集了北宋以前各个朝代建筑管理技术的精华。书中

图 1-4　乐山大佛

"料例"和"功限"，就相当于我们现在所说的"材料消耗定额"和"劳动消耗定额"。《营造法式》是人类最早采用定额进行工程造价管理的明确规定和文字记录之一，遥遥领先于英国 19 世纪才出现的工料测量师（Quantity Surveyor）。

英法战争（公元 1337～1453 年）后，英国政府决定短期内建立大量的军营。为满足建造速度快、成本低的要求，军营建造首次采用了每个工程由

一个承包商负责，该承包商负责统筹工程中各个工种的工作，并通过报价来选择承包商的方式。工程竞价承包有效控制了政府支出，开创了将竞价方式运用到工程成本控制上的先例。

美国管理学家弗雷德里克·温斯洛·泰勒（Frederick W. Taylor，1856～1915）通过定量实验创造出定额管理、工具标准化和操作规范化的理论和方法，使设备制造管理过程的典型经验提升为具有普遍意义的技术方法。法国古典管理理论学家法约尔（Henri Fayol，1841～1925）从管理过程中抽象出管理的计划、组织、指挥、协调、控制职能和管理的一般原则，对管理学的发展和管理学理论在工程管理中的应用产生了深刻的影响。

岁月沧桑，星移斗转。众多历史悠久、规模宏大、设计精巧、功能完备和工艺精湛的伟大建筑，经历了漫长岁月的种种磨砺，仍然与现代文明极为和谐地辉映着。在当时的生产条件下，建造这些伟大建筑是十分困难的。在这些工程的建设过程中必然有严密的甚至是残酷的军事化组织管理，必然有进度、人员的安排与控制，必然有费用的计划和核算，必然有明确的质量要求和检测。因此，每项工程的实施必然伴随着工程管理的实践。前人用其智慧和汗水在创造中收获着，他们在工程建造过程中所萌发的管理理念和技术方法，催生了现代工程管理基础理论和技术方法的萌芽。

第二节　社会生产力发展促进工程管理成长

20世纪20年代以来，随着社会生产力的发展和科学技术的不断进步，各个行业的生产方式发生着日新月异的转变。从单枪匹马的"工匠式"作业，到"作坊式"和"小型工厂式"的有组织生产，再到越来越多的跨区域、跨国度的大型企业的出现，生产专业化和综合程度越来越高，工程项目也日趋大型化和复杂化。在这样的背景下，数量众多、规模巨大的工程建设亟需称职的管理者出现。生产力的发展和生产方式的转变促使工程与管理实现了最自然、最有效的结合，工程实践在推动人类社会进步的同时促进了工程管理行业的快速成长。

20世纪初期，美国著名机械工程师和管理学家亨利·甘特（Henry L. Gantt，1861～1919）总结制造设施生产的经验，首次使用条形图（又称甘特图、横道图）来形象、直观地表达纷繁复杂的生产过程。随后，甘特图广泛应用于土木工程领域（图 1-5 为某道路工程施工计划横道图示例），这在一定程度上标志着工程管理开始告别人们简单、自发的经验积累，向着一门具备完善理论基础的专业学科转变。

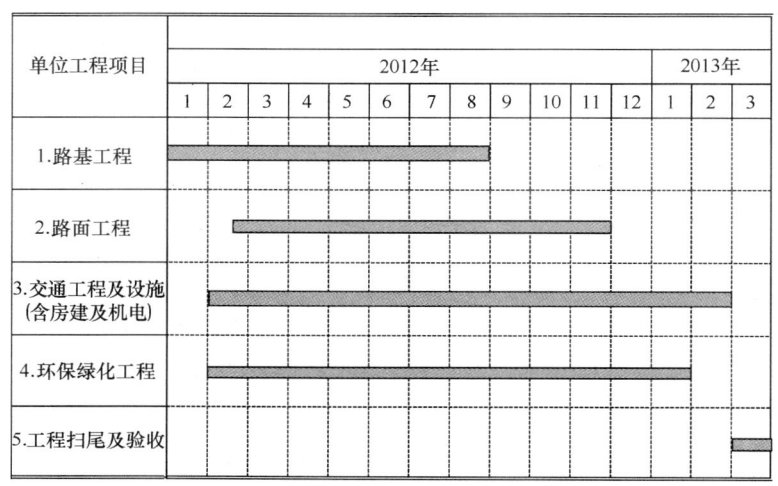

图 1-5　某道路工程施工计划横道图示例

20 世纪 20 年代起，美国在当时"科学管理"与经济学领域研究成就的基础上开始探索项目的科学管理。1936 年，美国在洪水控制工程中提出至今沿用的"效益与费用比"基本准则，即通过评价各种工程项目所产生的社会效益和消耗的社会成本，包括环境方面的效益和成本，权衡利弊，指导决策，确定方案。被誉为"管理理论之母"的福莱特（Mary Parker Follett，1868～1933）在多年的社区管理实践活动中，积累了众多对于项目运作（如职业指导中心的建立和运作）和企业管理的经验，明确提出了管理的整体性思想。此后，系统分析方法在工程项目的规划和决策中得到了广泛应用，大大推动了系统理论的发展。

20 世纪 40 年代以来，人们在研究水力资源的多级分配和库存的多级存储问题的工程管理实践中孕育了动态规划的思想雏形。

第二次世界大战后，许多国家的恢复重建面临工期紧迫、材料短缺和资金不足的问题，促使业主们更加注重对工程工期、造价和质量的控制，推动了工程管理新的管理手段和方法不断涌现。同时，伴随现代科学技术的进步，产生了系统论、信息论、控制论、计算机技术、运筹学、预测技术和决策技术等理论基础和技术方法并日臻完善，为工程管理基础理论和技术方法的发展提供了动力和支撑。

1947年，美国工程师麦尔斯在军事工程和军需物品采购的实践中不断探索，逐渐总结出一套解决采购问题的行之有效的方法，并把这种思想和方法应用推广到其他领域，形成了早期的价值工程。而后，价值工程（Value Engineering）在工程建设、生产发展与组织管理等方面得到广泛应用。

20世纪50年代初，美国数学家贝尔曼首先提出动态规划的概念。所谓动态规划，简单地说，就是将问题实例归纳为更小的、相似的子问题，并通过求解子问题产生一个全局最优解。1957年贝尔曼发表《动态规划》一书。

20世纪50年代，美国海军在"北极星潜艇计划"中利用计算机进行管理，开发了安排工程进度的"计划评审技术"（PERT，Program Evaluation and Review Technique），用于难以控制、缺乏经验、不确定性因素多而复杂的项目中。该技术的出现被认为是现代项目管理的起点，成为工程管理最重要的技术和方法之一。1957年，美国杜邦公司在对其维护项目进行日程安排时，创造了"关键线路法"（CPM，Critical Path Method）。

20世纪60年代，美国由42万人参加，耗资400亿美元的"阿波罗载人登月计划"取得巨大成功，同时开发了著名的"矩阵管理技术"。工程管理人员还将风险管理运用于项目管理中，采用失效模式和关键项目列表等方法对阿波罗飞船进行风险管理。

受社会经济发展相对滞后的影响，这一阶段我国工程管理的发展虽滞后于经济发达国家，但在一些方面也取得了进展和成绩。1954年，被誉为我国"导弹之父"的钱学森院士在主持导弹、火箭和卫星的研制工作与管理实践中，把工程实践中经常运用的设计原则和管理方法加以整理和总结，取其共性，提升为科学理论，出版《工程控制论》专著。

20世纪60年代初，著名科学家华罗庚教授和钱学森教授分别倡导统筹法和系统工程，并将其推广到修铁路、架桥梁、挖隧道等工程实践中，取得了巨大的经济效益。在这期间开发出了数以百计的工程作业流程，为提高工程管理技术水平和促进工程管理技术方法的规范化、标准化奠定了基础。

20世纪70年代，我国在重大建设项目工程管理实践中引入了全寿命管理概念，并派生出全寿命费用管理、一体化后勤管理、决策点控制等方法，在上海宝钢、秦山核电站等大型工程项目中相继运用了系统的工程管理方法，保证了工程项目建设目标的顺利实现。

1984 年，利用世界银行贷款的项目——鲁布革水电站（图 1-6）在国内首先采用国际招标，并通过合理的项目管理缩短了工期，降低了造价，取得了明显的经济效益，成为了我国项目管理在建设工程方面应用的范例。此后，我国的许多大中型工程相继实行项目管理体制，逐步实施了项目资本金制、法人负责制、合同承包制、建设监理制等。至此，工程管理在我国越来越多的工程领域中得到运用，为我国建设事业的蓬勃发展发挥了积极作用。

图 1-6　鲁布革水电站

随着系统工程、运筹学、价值工程、网络技术等科技发展以及超大型建设工程和高科技产品开发等工程管理实践，这一阶段的工程管理在理论和技术方法方面奠定了良好的基础，初步构建起以技术、管理、法律、经济为支撑平台的理论体系。与此同时，在工程管理实践中创造和丰富了管理学理论与方法，工程管理实践成为现代管理学众多理论及方法产生的摇篮和发展的引擎。

第三节　新型工业化进程加速工程管理发展

进入 20 世纪 90 年代以来，伴随着新型工业化进程的展开，工程管理在社会经济发展中的地位和作用大幅提升，逐渐得到了全社会的高度重视，取得了长足发展。现代工程管理吸收、融合了系统论、信息论、控制论、行为科学等现代管理理论，其基础理论体系逐步健全和完善，与此同时，预测技术、决策技术、数学分析方法、数理统计方法、模糊数学、线性规划、网络技术、图论、排队论等现代管理方法的不断进步和有效应用，为解决工程管理各种复杂问题提供了更为有效的手段和工具，使工程管理的技术方法日益科学化和现代化。计算机的广泛应用和现代图文处理技术、多媒体和互联网的使用，也显著提高了工程管理工作的质量和效率。

近年来，我国在三峡工程、青藏铁路、国家游泳中心等重大工程项目实践中努力创新工程管理的技术手段和方法，拓展了工程管理的应用空间，提升了工程管理在重大工程项目建设中的作用和效果。

举世无双的三峡水利枢纽工程建设期长达 17 年。1993 年动工以来，相继攻克了 175m 直立高边坡开挖的边坡稳定、大坝高强度混凝土浇筑、截流和深水围堰施工等各类技术难题；另一方面，三峡工程的兴建，导致 13 个城市、县城全部或部分淹没，动态移民量 100 万人以上。如此大规模的搬迁与重建，必须解决大量的工程技术、环境生态、文物保护和社会经济问题。三峡水利枢纽工程的建设全过程必然是工程管理全方位、高强度的应用过程。我国工程管理专家通过十多年的努力，在引进西方发达国家先进管理理念、方法、模型的基础上，结合三峡工程建设的实际情况，开发出了在国际工程项目管理领域处于领先水平、具有自主知识产权的"三峡工程管理信息系统（TGPMS）"和"电厂运行管理信息系统（ePMS）"。TGPMS 系统投入使用，实现了跨部门、跨地域、全方位的规范化管理，对工程建设的进度、质量、安全和总投资控制等，发挥了重要作用。

青藏铁路是全世界海拔最高的铁路工程（图 1-7），工程建设面临着穿越世界上最复杂的冻土区等大量的技术难题，开创了在高温极不稳定冻土区的高含冰量地质条件下"以桥代路"修筑路基的国际先例，确保了工程质量和进度。此外，青藏铁路修建过程中高度重视了对生态环境和野生动物的保护，为野生动物设计了专门的迁徙路线，最大限度地降低了工程建设对生态环境的破坏。青藏铁路的顺利通车和所取得

图 1-7　青藏铁路

的良好社会效益，标志着我国在复杂地理地形条件下的工程建设和工程管理已经达到了相当高的水平。

为迎接 2008 年北京奥运会而兴建的国家游泳中心"水立方"（图 1-8）采用了独特的钢结构技术。钢结构共约7000t，节点 10000 余个，杆件数量 20000 余根，结构和构件具有很强的多样性，构件制作和结构测量、安装的精确性要求极高，工程的施工组织具有

图 1-8　国家游泳中心"水立方"

很高的难度。同时，水立方首次采用了 ETFE 膜结构技术，并成为世界上最大的膜结构工程，整体工程具有材料轻、阻燃性好和外表美观、透光性好等良好效果。2008 年 1 月 28 日，水立方顺利竣工并在随后的北京奥运会上大放异彩。无论是外部形状还是内部结构，水立方都堪称中国建筑史上的一个创新工作。而它的施工过程与工程管理活动，更是中国的工程技术人员填补一系列国家行业空白的过程。

20 世纪末以来，计算机技术的发展和普及，以及工程管理软件的开发和应用，成为推动工程管理专业发展的又一强大动力。信息处理变得更加迅速、及时和准确，管理人员能够把资金、时间、设备、材料及人工等多方面的因素综合在一起，通过计算机完成计划、预测、报表等功能，使得把现代化管理方法和技术手段运用于大型复杂工程项目管理的设想变成了现实。建筑信息模型（Building Information Modeling，BIM）技术可以实现建筑师、结构师和工程项目全过程管理各方的无缝衔接，共享数据和信息，提升工程管理的精细化程度，降低资源消耗、能源消耗、节约工程成本。

随着工程建设规模的迅速扩大和建造难度的不断增加，工程管理行业所面临的形势和实践过程中诸多亟待解决的实际问题推动工程管理的学术研究不断深入。国内部分科研机构及大学相继建立了以工程管理为主要研究内容的科研院所。科研机构围绕工程管理的基础理论、技术方法的应用和工程管理专业的人才培养、资格认证展开了广泛的研究和探索。

我国最具权威的科研机构——中国工程院于 2000 年成立工程管理学部，目前已有院士 46 人，约占中国工程院院士总数的 6％，这是国内学术界对工程管理学科地位认同的重要体现，对于纠正和防止狭隘地认识工程管理及其工作价值，承认工程管理理论研究者的创新价值，认同工程管理实务工作者的学术地位具有举足轻重的作用。

中国工程院与国家自然科学基金委员会于 2003 年联合发起并创办了中国"工程前沿"学术研讨会，首届研讨会主题为"未来的制造科学与技术"。中国"工程前沿"研讨会以工程前沿与学术研讨为宗旨，每年春、秋季分别在北京举行，会议的主题包括国家重大工程技术领域的关键问题及重要工程研究的前沿问题。"工程前沿"研讨会作为我国工程跨学科研究的重大举措受到各方关注。

近年来，我国在工程管理重大课题研究方面也不断取得进展。1993 年，中国国家自然科学基金委员会列题开展"重大科技工程管理理论与方法研究"。这是我国当年两个重点管理科学研究课题之一，是国内首次列题研究工程管理领域。1996 年 12 月课题组完成了 100 多万字的研究报告，对工程与工程管理基本概念、工程管理领域的一般规律、国内外工程风险管理理论与实践、高技术工程管理的概念和工程综合管理技术与应用等方面展开了深入研究，并对工程管理在交通工程、军用飞机研制工程、民用核电站建设工程、战略导弹研制工程等行业中的应用进行了重点分析，对促进我国重大科技项目的工程管理提出了意见和建议。

2002 年，国家发展和改革委员会重大建设项目稽查特派员办公室组织勘察设计单位、高等院校以及相关企业，联合进行项目监测指标体系和监测信息平台的技术攻关，以《国家重大建设项目动态监测与评价信息系统原型系统研制与关键技术研究》为题立项并列入 863 计划。国家重大建设项目监测信息系统的指标数据来自于项目建设单位，为了获得动态的监测信息，首先必须推进国家重大项目建设单位自身的信息化建设。在国家发改委稽查办支持下，2003 年课题组承担了国家"863"和"十五"重大软件专项——"基于 Linux 的国家重大建设项目管理应用平台 P9PIP"。为了使监测指标体系与监测信息平台更加一体化、实用化、产业化，课题组在国家有关方面的支持下，开发出面向国家重大建设项目动态监测与预警信息平台的监测指标体系（应用版）。2005 年 3 月，国家发改委办公厅正式就国家重大建设项目监测信息系统试点工作发文，在国内部分省市、行业及重大建设项目单位进行重大建设项目监测信息系统的试点运行。

2004 年，在北京召开的工程科技论坛上，中国工程院工程管理学部确定就"工程与工程哲学"开展咨询研究。该项目于 2005 年启动，2006 年结题，由殷瑞钰院士担任项目负责人。开展此项研究工作主要是基于现代社会工程数量急剧增加、规模不断扩大、结构日趋复杂、难度显著提高，不同工程之间，工程与自然、工程与经济社会之间以及工程自身内部都有许多极其复杂的关系，需要进行跨学科、多学科的研究，特别需要从宏观层面、以哲学思维把握工程活动的本质和规律，从而为项目决策和工程建设提供科学的世界观、方法论，以提高工程建设的综合效益。

自 2007 年 4 月由中国工程院和广州市政府联合主办了首届工程管理论坛以来，"中国工程管理论坛"每年召开，旨在研究推动我国工程管理理论建设与提高实践水平，探讨我国工程管理现状及发展中的关键问题。历届工程管理论坛主题如表 1-1 所示。

我国历届工程管理论坛   表 1-1

	会议主题	时间	地点
第一届	我国工程管理发展现状及关键问题	2007 年 4 月	广州
第二届	和谐·创新——建设资源节约型和环境友好型社会与工程管理	2008 年 9 月	鄂尔多斯
第三届	西部开发与工程管理	2009 年 11 月	成都
第四届	科学发展与工程管理	2010 年 10 月	北京
第五届	中部崛起与工程管理	2011 年 5 月	长沙
第六届	加快转变经济发展方式与工程管理	2012 年 9 月	合肥
第七届	科学发展与工程管理——转型跨越发展战略与安全	2013 年 8 月	太原

伴随着国家社会经济的持续发展，特别是新型工业化进程的加速推进，工程管理无论在基础理论和技术方法上都得到了全面的发展。一方面，系统工程、科学管理、运筹学、价值工程、网络技术、关键线路法等一系列理论与方法均诞生或应用于工程实践，并逐步发展成为管理学的核心理论与方法。另一方面，现代科学技术的飞速发展和社会、经济各个领域对工程管理

行业的巨大需求，为工程管理的进一步完善和发展提供了广阔的空间，注入了新的活力，促使工程管理理论和技术体系的不断健全和完善，推动工程管理逐步成为社会经济发展中具有重要地位和作用的行业。

工程管理的历史沿革清晰地告诉人们：工程管理起源于人类最初的工程实践。在建造古代宫殿、城墙、运河等活动中，古人因地制宜，就地取材，针对规模浩大的劳动组织和纷繁复杂的施工安排采取积极有效的对策和措施，积累了朴素的工程管理经验，是现代工程管理的萌芽。随着社会生产力的发展和科学技术的进步，新的管理思想和管理方法不断涌现，为工程管理的发展奠定了良好的理论基础，工程管理开始告别原始的经验积累阶段，向着一门专业学科迈进。与此同时，人们开始有了越来越多的奇思妙想，工程建设日益大型化、复杂化，新的技术难题和管理难题也随之涌现，人们越来越清醒地意识到"工程需要管理"，"管理出效益"，围绕工程管理所展开的学术研究不断深入，工程管理作为一门独立的学科和行业，已经展现出不可替代的重要作用。

思　考　题

1. 工程管理的起源是什么？
2. 是什么使得工程管理向着一门独立的学科和行业演变？
3. 最让你印象深刻的案例是哪一个？工程管理在其中产生了怎样的作用？

第二章　工程管理内涵

从字面上理解，"工程管理"可以拆分为"工程"和"管理"。"工程"和"管理"这两个熟悉的字眼却构成了"工程管理"这个有点陌生的词汇。准确理解"工程"和"管理"的内涵，是理解"工程管理"的前提和基础；而正确理解和看待"工程管理"，又是学习和从事工程管理的必要条件。

第一节　工程管理的基本概念

一、工程

工程是一种创造性的活动，是人类为了达到特定目标的一种活动。工程活动的核心是创造新事物或改变事物性状，是通过这种造物或改变事物性状的活动来达到特定的目的。创造新事物不难理解，例如修建一栋房屋或制造一台机器，而改变事物性状的工程活动也大量存在于我们的生活中，例如改善城市空气质量、人工降雨等。无论是创造新事物或是改变事物性状的工程，都需要掌握和集成科学和技术的智慧，需要掌握这些智慧的人们有组织地利用各种资源。工程目标的实现不仅要运用科学（自然科学或社会科学），也要利用技术（成熟的技术或探索创新中的技术）；不仅要利用各种自然资源，也要利用人类创造的各种资源。

技术集成性和产业相关性是学术意义上工程概念的两个关键点。技术集成性是指工程表现为相关或系列技术的集成与整合，形成特定形式的技术集成体；但工程不是各种技术的简单相加，而是一种基于特定规律或规则的、面向特定目标的、各种相关技术的有序集成。产业相关性则是由于工程的内涵常常与特定产品、特定企业或特定产业相联系，工程活动与产业活动具有不可分割的内在联系。这也表明所有与产业活动相关的专业领域都可成为一门特定的工程领域（图 2-1）。

需要注意的是，工程应当是指特定过程而不是特定的产物或某一特定过

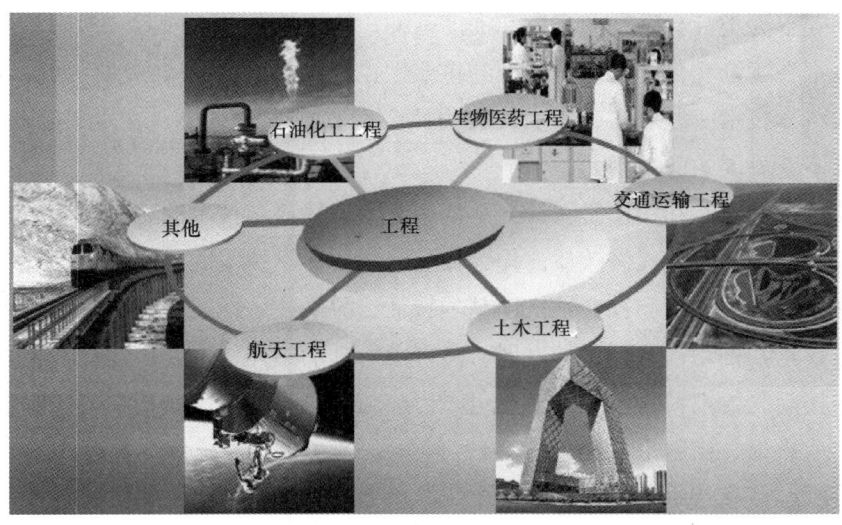

图 2-1　工程的行业分类

程的实施后果。也就是说，工程的产物（譬如，三峡水利枢纽）与工程本身（建设三峡水利枢纽的过程）是不同的，但在日常用语中常常将建设过程以及它的产物都泛称为"工程"。

　　由于工程在人类社会发展中起着十分积极的作用，工程一词在语言中很自然地被广泛应用，而且在日常生活、文学艺术，乃至传媒用语中常常被借用或扩展其本来的含义，用来代指重要和复杂的计划、事业、方案和大型活动等，如我国青少年发展基金会发起并组织实施的一项为青少年成长服务的社会公益事业"希望工程"；我国政府为保障蔬菜副食品供给，满足广大群众生活需要的"菜篮子工程"；以及意为"面向21实际，重点建设100所左右的高等学校和一批重点学科"的"科教兴国211工程"等等。然而，按照上述工程定义，这些日常语言中的工程概念，并不是我们在工程科学或工程管理科学意义上的工程的概念。

二、管理

　　管理是人类共同劳动的产物。管理同人类社会息息相关，凡是人类社会活动皆需要管理。从原始部落、氏族部落到现代文明社会，从企业、军队、学校到政府机构、科研单位，都需要组织、协作、调节、控制，都离不开管理。随着人类社会活动向广度和深度延伸，管理的含义、内容、理论、方法等也都在逐渐变化和发展，管理的重要性也越发突出，以致在现代社会，管理和科学技术一并成为支撑现代文明社会大厦的两大支柱，成为加速经济、社会不断发展的两大动力。

管理的核心和实质是在社会系统中有效发挥科学技术的功能，从而获取更高的社会效益和经济效益。作为社会经济与科学技术的中间环节，管理具有中介性、科学性和社会性三项基本特征。科学技术通过管理物化为生产力的各要素，推动社会经济的发展。离开了管理的中介作用，科学技术将成为空中楼阁。要把科学技术转换为生产力，必须运用科学知识系统（如系统论、信息论、控制论、经济学等）、科学方法（如数理统计、物理实验、系统分析、信息技术等）和科学技术工具（计算机等），必须遵循社会系统的固有规律。因此，管理应当具有科学精神、科学态度、科学手段和科学方法。管理是人类的一项社会活动，人在管理过程中起着核心作用。人既是管理手段的主要成分，又是管理对象的重点内容。因此，管理活动必然受到人们社会心理因素，特别是受社会成员的价值、准则、意识、观念的影响，受到社会制度、社会结构等因素的影响。

管理成为一门科学是与社会生产力的发展紧密联系的。管理工作者在长期、大量的工作实践中总结并提出各种不同的观点和方法，不断深化管理学的理论和技术方法，拓展了管理学的应用范围，推动社会生产力的不断发展，管理科学也在生产力发展中得到了迅速的进步。

第一位使管理从经验上升为科学的人——弗雷德里克·温斯洛·泰勒（Frederick W. Taylor，1856～1915）（图 2-2），由于在科学管理方面所做出的突出贡献，被人们誉为"科学管理之父"。泰勒 1856 年出生于美国费城，18 岁进费城一家工厂学习制模及机工手艺。4 年后，他来到费城的米德维尔钢铁厂。泰勒发现该工厂的工作效率极其低下，企业管理者不懂得用科学方法来进行管理，不懂得工

图 2-2   F. W. 泰勒

（1856～1915）

作程序、劳动节奏和疲劳因素对劳动生产率的影响；而工人则缺少训练，没有正确的操作方法和合适的工具；这些都大大影响了生产效率的提高。于是泰勒开始进行劳动时间和操作方法的研究，他结合多年从事机械生产的经验开始进行了艰苦的探索。泰勒的探索主要反映在他的三个最有名的试验：通过搬运生铁的试验，摸索出工人的日合理工作量，从而为实行定额管理奠定了基础；通过铲具试验，探索出铲物效率最高时的铁锹形状，从而为实行工具标准化奠定了基础；通过金属切削试验，为制定各种机床进行高速切削和精密加工的操作规程提供了科学依据。这些实验使泰勒的科学管理思想深深地扎根在科学实验的基础上，使管理逐渐具有科学的理论和方法。

　　泰勒的科学管理开创了西方古典管理理论的先河，在其被传播之时，欧洲也出现了一批古典管理的代表人物及其理论，其中影响最大的首推法国管理学家法约尔（Henri Fayol，1841～1925）（图 2-3）及其一般管理理论。法约尔在一个煤矿公司当了 30 多年的总经理，创办过一个管理研究中心，他率先对经营和管理进行了区分，认为这是两个不同的概念，管理包括在经营之中。他定义了管理的计划、组织、指挥、协调和控制职能，提出了管理的一般原则和方法，这些观点和理论经不断完善而沿用至今。法约尔的一般管理理论关注的焦点

图 2-3　H. 法约尔
（1841～1925）

是什么类型的专业化和等级制度才能使组织效率最大化，以及劳动分工、等级与职能过程、组织结构和控制范围。法约尔的一般管理理论对管理学的发展产生了巨大的影响，奠定了管理过程学派的理论基础，成为该学派的开山祖师。因此，继泰勒的科学管理理论之后，一般管理理论被誉为管理学史上的第二座丰碑。

　　由此可见，管理并不是脱离实际的空中楼阁，几乎所有管理原理、原则和方法，都是学者和实业家在管理实践过程中总结管理工作客观规律的基础上形成的。管理不仅是一门科学，更是一门艺术。管理学并不能为管理者提供解决一切问题的标准答案，它要求管理者以管理理论和基本方法为基础，

结合实际情况，采取恰当的对策和措施，以求得问题的解决和目标的实现。

三、工程管理

就像在车水马龙的十字路口，如果没有交警的管理和疏通，没有秩序，就会堵车，最终无法保障道路的畅通和安全（图 2-4）。工程管理者就扮演着与交警相似的角色，尤其是在建筑业这样一个典型的劳动密集型和资金密集型行业里，更需要一个能统筹把握全局和协调方方面面的管理者，为了实现预期目标，保证资源的有效利用，对工程项目进行决策、计划、组织、指挥、协调与控制，促进工程项目的顺利推进以及目标的实现。

图 2-4　交警指挥十字路口交通

以三峡工程为例。举世瞩目的长江三峡水利枢纽工程，是迄今世界上最大的水利水电枢纽工程，是新中国最重大的建设项目之一，具有防洪、发电、航运、供水等综合效益。从 1994 年正式开工，到 2009 年基本完工，2010 年 7 月实现了电站 1820 万千瓦满出力 168 小时运行试验目标。在这漫长的过程中，三峡工程面临了无数水电施工世界性技术难题，包括深水围堰防渗、混凝土浇筑高温季节温控和岩体高边坡开挖稳定等，也经历了百万移民大搬迁、库区生态环境保护等一系列管理难题。在层出不穷的技术和管理难题面前，三峡工程的技术管理人员不畏艰难，勇于创新，圆满完成了三峡工程的各项目标。根据审计署发布的《三峡水利枢纽工程审计结果公告》显示，建设资金管理使用情况总体较好、总体进度有所提前、质量总体优良、施工区环境保护措施基本落实、初步发挥的综合效益达到或超过预期目标。

这一切管理目标的良好实现，都充分证明了"工程离不开管理"，如果没有强有力的工程管理，顺利实施这一世界级难题的水利工程将是难以想象的。"管理出效益"已经成为经得起时间和实践双重检验的真理。

按照上述工程的定义，再结合学术界对于管理的一般性理解，可以将工程管理定义为：工程管理是指为实现预期目标，有效地利用资源，对工程所进行的决策、计划、组织、指挥、协调与控制。

需要进一步说明的是，工程管理领域既包括重大工程建设实施中的管理，如工程规划与论证、工程勘察与设计、工程施工与运行管理等，也包括重要和复杂的新型产品的开发管理、制造管理和生产管理，还包括技术创新、技术改造的管理。而企业转型发展的管理，产业、工程和科技的重大布局与战略发展的研究与管理等，也是工程管理工作的基本领域范围。

在上述定义中，不仅表达了对于工程实质内涵的认识，即工程是人类为了达到特定目标的一种活动，也强调了工程决策的特别重要性，即对于特定工程的可行性分析、工程价值评价，以及工程过程中的各种决策行为，也是工程管理不可或缺的重要内容。

由于工程概念与技术概念和产业概念紧密联系，工程涵义的具体表现必须联系到特定形式的技术开发和产业活动，所以工程管理也就必然具有与技术和产业相联系的特殊涵义。工程管理不同于一般形式的管理，它是工程管理人员在特定产业环境中对于特定形式的技术集成体的管理，是面向特定目标的、特定形式的决策、计划、组织、指挥、协调与控制的工作，如航天工程管理、石油化工工程管理、生物医药工程管理和土木工程管理等。本书主要针对建设工程管理，即建设领域的工程管理。

第二节　工程管理的内容体系和基本属性

一、工程管理的内容体系

在我国新型工业化的进程中，"工程技术"与"工程管理"，这对孪生兄弟般的亲密伙伴，互为依靠，齐心协力，缺一不可。工业产品的实现方式必须依靠工程管理，才能实现"资源最少，效用最高"的目标。工业产品从无到有，大体都要经历概念阶段、研发（设计）阶段、生产（制造）阶段和运营（使用）阶段。每一个阶段中，工程管理的内容和作用都有所不同。工业产品的生产流程，同时也是工程管理的工作流程。不同生产流程中的各项管理工作，也就构成了工程管理的内容体系（图2-5）。

概念阶段	研发（设计）阶段	生产（制造）阶段	运营（使用）阶段
产品范围界定 机会研究 方案策划 可行性研究 工程决策 实施计划制定 工程启动 …	产品创新 产品经济性 产品技术先进性 研发组织管理 绿色产品 …	合同管理 组织协调 进度控制 成本控制 质量控制 安全管理 …	客户服务 产品维修 产品经营 后评价 …

图 2-5　工程管理的内容体系

在完成各项管理任务时，工程管理者通常会借助多种技术手段和方法，以期提高管理工作的效率和效果。这些技术方法集合起来，便构成了工程管理的方法体系。随着信息化程度和工程复杂程度不断提高，工程管理的技术手段和方法也必须不断地推陈出新。图 2-6 仅仅是工程管理方法体系的代表性体现。

二、工程管理的基本属性

工程管理产生、依托并服务于工程项目，因其实践性强、目标明确和管理效果可验证等特性而有别于一般意义上的管理工作。就单一工程而言，其管理工作包括资金、进度、风险、质量、安全、人员、信息和环境等相对独立且相互制约的各个环节，解决工程管理的实际问题必须采用针对性的技术方法和手段。就此角度出发，工程管理好比管理学中的"物理学"和"外科学"，是经过工程实践千锤百炼的"硬管理"。工程管理的工作性质决定了工程管理具有系统性、复杂性、综合性、严谨性等基本属性。

（一）系统性

从理论上来看，工程管理的系统性表现为工程管理是一种实现特定目标的各种技术的有序集成。工程管理就是工程的各个组成部分的有机整合，各

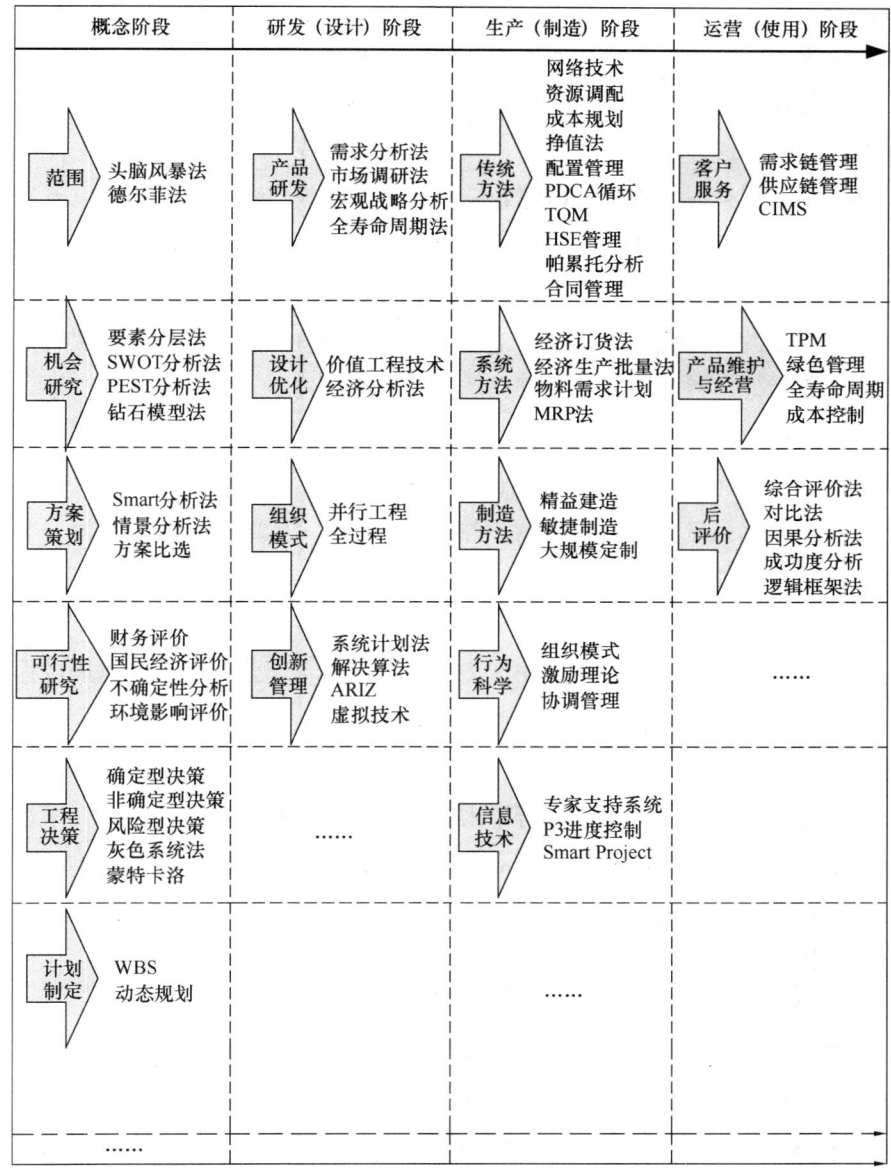

图 2-6 工程管理的方法体系(部分)

个工程子系统相互协调,从而实现工程整体目标的过程。在现代工程管理实践中,系统理论和系统思想的应用不可或缺,是工程管理思想的精髓所在。

工程管理的系统性特征要求从业者具有系统的理念和思维,把握总体目标任务，注重全过程的协调和局部之间的联系，根据项目的具体情况和要求，提出实现项目最终目标的思路、策略、方案和措施等。

例如在项目决策阶段的管理工作中，由于项目建设所涉及的因素众多，所有的因素构成一个完整的系统，只有在对该系统中的每一个因素充分了解的基础上，用系统的眼光加以综合分析，才能正确判断一个项目的立项是否必要，是否合理，是否有效益，是否值得投资，使项目的决策真正做到客观、准确、科学。

在项目的实施过程中，管理工作也是一个完整的系统工程。管理的目的是为业主做好项目的进度、质量、费用的管理和控制。要做好这一工作，管理者必须制定详细的项目建设统筹计划，及时安排设计、采购、施工等各个环节的具体工作，注意各个环节的合理交叉叠加，确定并有效控制质量要点，合理使用人工、材料、机械等各项费用，使工程的管理过程成为一个完整系统的有机整体。

（二）复杂性

工程管理是一种复杂性工作。工程通常由多个部分构成，其建造过程有若干利益群体参与。因此工程管理工作极为复杂，需要运用多学科的知识才能解决问题。由于工程本身将涉及社会、经济、环境、安全等各方面因素，这些因素有较强的不确定性，若干因素间常常又带有不确定的联系。工程实践的全过程需要将不同经历、不同利益诉求和来自不同组织的人有机地组织在一个特定的组织内，在多重约束条件下实现预期目标，这就决定了工程管理工作的复杂性远远高于一般的生产管理。

（三）综合性

工程管理是一种综合性管理。由于工程是技术的有机集成，工程常常与特定产品、特定企业相互联系，所以任何形式的工程管理必然是一种考虑不同技术协调性和不同产业特性的综合性管理。此外，工程管理的综合性也表现为工程目标实现所要求的多种资源利用的有效性和工程管理主体与工程管理环境的协调性。

（四）严谨性

工程管理的严谨性首先体现为公正性，这也是工程管理者最基本、最重要的职业道德准则之一。工程管理者应当具备良好的职业操守，不应有谋取私利的商业倾向，不应从参与工程的任何一方接受任何形式的非正当收益，在工程管理实践中客观、公正地提供真实、准确、详细的咨询意见和建议，竭诚为工程项目提供可靠的产品和服务，确保工程预期目标的顺利实现。

工程管理的严谨性也体现为工作内容、方法和程序的标准化和规范化。工程管理是一项技术性非常强的复杂工作，为符合社会化大生产和完成精准目标的需要，其技术手段和方法必须标准化、规范化。标准化和规范化体现在工程管理的各个方面，如专业术语、名词、符号的定义和标示，管理环节全流程的程序和标准，工程费用、工程计量和测定、结算方法，信息流程、数据格式、文档系统、信息的表达形式和各种工程文件的标准化，合同文本、招投标文件的标准化等。工程管理全过程实现制度化、规范化和程序化管理，是现代工程管理发展的必然趋势。

工程管理的严谨性还体现在工程管理的目标明确和效果可验证。无论是青藏铁路、三峡工程等宏伟工程，还是修建一幢住宅楼、一个足球场等小型工程，工程管理的目标都可以予以精确度量。我们可以利用网络计划技术（图2-7）、S形曲线等各种方法和手段对进度目标进行验证，判断每道工序进展情况及其对工期的影响，并通过调整关键工作的持续时间，实现对整个项目工期目标的控制。

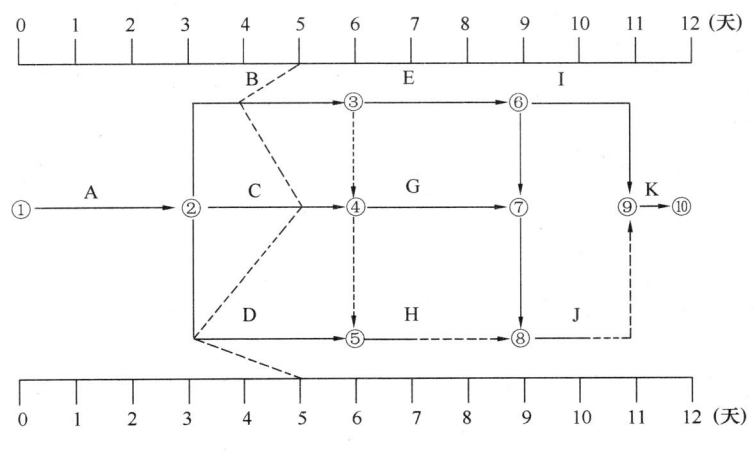

图2-7 某工程时标网络图示例

我们也可以通过质量控制图、因果分析图、直方图等一系列方法来进行较为准确的质量目标度量与控制，以确保工程质量符合国家制定的严格的质量管理要求和技术规范。

我们还可以通过工程量清单（图 2-8）等方法将工程的投资目标精确度量，并将实际支出与计划投资进行比较，投资控制的效果显而易见。再加上计算机的辅助，这种过程将更加简便易行。

编码	类别	名称	单位系数	单位	标号	工程量	综合单价	人工单价	材料
		单位工程	0				0	0	
	分部	土（石）方工程	1				0	0	
010101001	清单	平整场地	1	m2		1000.21	2.42	0	
	工作内容	土方挖填、场地找平	1				0	0	
1-1	子目	平整场地	100	m2		1335	1.81	154	
	工作内容	运输	1				0	0	
010101002	清单	挖土方	1	m3		2168.48	14.82	0	
	工作内容	排地表水	1				0	0	
	工作内容	土方开挖	1				0	0	
1-10R*1.5	子目	人工挖土方　三类土　深4m以内	100	m3		268.3	19.99	1698	
1-66J*1.19	子目	反铲挖掘机挖土　深4m内	1000	m3		2414.7	2.25	150	
	工作内容	挡土板支拆	1				0	0	
	工作内容	截桩头	1				0	0	
	工作内容	基底钎探	1				0	0	
	工作内容	运输	1				0	0	
1-71	子目	反、拉铲挖掘机挖土　自卸汽车运土　运距1000m内	1000	m3		2683	7.95	150	
	分部	砌筑工程	1				30934.83	0	
010301001	清单	砖基础	1	m3		172.58	211.04	0	
	工作内容	砂浆制作、运输	1				0	0	
	工作内容	铺设垫层	1				0	0	
	工作内容	砌砖	1				30934.83	0	
3-1换	子目	砖基础	10	m3	M100A	172.58	211.04	293.25	10[illegible]
	工作内容	防潮层铺设	1				0	0	
	工作内容	材料运输	1				0	0	

图 2-8　某工程量清单计算图示例

可精确度量的管理目标，使得任何一个工程项目的管理效果都是可验证的。例如项目是否按时完成，成本控制是否在预算范围内，是否出现质量缺陷，是否发生安全事故，生产效率的高低和项目收益的好坏等。正是由于工程管理具有鲜明的务实性和精确性，其结果也具有可验证性，要求工程管理专业人员犹如外科医生一般，既要有严谨的工作态度，扎实的专业基础，又必须具备丰富的实践经验，在实际工作中能够准确、及时和有效运用各种技术手段。

第三节　工程管理行业发展

一、工程管理行业的基本特点

任何一个学科或行业的发展都离不开其置身的社会环境，需要及时反映时代发展脉搏。毫无疑问，工业化是为人类服务的，其发展必须符合人类社会发展的总体趋势。因此，工程管理也必须符合并且体现这些总体趋势，包括可持续发展、科学技术融合和信息化发展等。

（一）可持续化

大规模的工程建设无疑会有效推进社会经济的发展，给人们的生活带来很多便利，极大地提高人们的生活水平。但与此同时，也可能对社会、经济、文化和环境保护以及人们的生活带来一些负面影响，如耗费大量财力、破坏环境与生态平衡以及施工噪声、污染、腐蚀等，影响人们的生活质量，制约全社会的可持续发展。因此，在人们日益重视生态、资源、环境问题的今天，可持续发展越来越成为人们关注的热点，社会呼吁可持续的绿色工程和绿色工程管理。

绿色工程是指充分应用现代科学技术，在工程规划和建设中加强环境保护和资源节约，优化生产环节和生产技术，建造质量优良、经济效益长久、社会效益良好的工程。建设绿色工程对工程管理提出了新的更高的要求。工程管理工作除了必须强化环境评价，严格工程项目审批，合理布局与设计建筑设施，采用先进合理的施工方法外，更应该致力于研究符合可持续发展要求的工程管理组织方法和实施方法。2008年北京奥运会场馆建设中，北京奥委会通过项目招标明确规定投标者的环境保护责任，在项目标书中明确环境影响评价制度，防治污染的工程设施与主体工程同时设计、同时施工、同时建成投入使用的制度和工程承建者应该承担的经济责任。同时制定了《奥运工程绿色施工指南》，要求在施工过程中严格执行环境管理措施，防止扬尘、废水、施工垃圾、施工噪声对周围环境造成的污染。奥运工程项目建设，为绿色工程管理积累了宝贵的经验。

（二）信息化

信息化是当今国际社会发展的趋势之一，是人类继农业革命、城镇化和工业化后进入新的发展时期的重要标志。如今，工程管理信息化已由探索、试点逐步发展到较为广泛地得以采用，计算机和软件已经成为工程管理极为重要的方法和手段。工程管理水平和效率的进一步提高也将很大程度取决于信息技术的发展和工程管理软件的开发速度。工程管理信息资源的开发和利用，可以帮助工程管理者吸取类似工程正反两方面的经验和教训，这些有价值的信息将有助于工程项目决策阶段多方案的选择，实施阶段的目标控制和建成后的运行管理。目前，经济发达国家的一些工程管理公司已经在项目管理中较为普遍运用了计算机网络技术，开始探索工程管理的网络化和虚拟化。国内越来越多的工程管理工作者也开始大量使用工程管理软件进行工程造价等专项工作，工程管理实用软件的开发研究工作也不断有所进展。例如，建筑信息模型（Building Information Modeling，BIM）就是以建筑工程项目的各项相关信息数据作为模型的基础，进行建筑模型的建立。它具有可视化、协调性、模拟性、优化性和可出图性等五大优点，支持建筑工程的集成管理环境，使建筑工程在其整个进程中显著提高效率并降低风险。信息技术的飞速发展，必将进一步提升工程管理的效率和水平。

（三）职业化

工程建设涉及面广、技术性强、责任重大，需要工程管理从业者具备合理的知识结构、系统的基础理论知识、良好的专业技术水平和全面的组织协调能力。为确保从业人员达到应有的素质，工程管理行业建立起体系完善的相关执业资格考试制度。执业资格认证是政府对某些责任较大、社会通用性强、关系公共利益的专业技术工作实行的准入控制。我国的执业资格是专业技术人员依法独立开业或从事某种专业技术工作学识、技术和能力的必备标准，必须通过考试方法取得，考试由国家定期举行。目前，我国与工程管理紧密相关的资格考试有 15 类，约占全国执业资格考试种类总数的 35％。这些资格考试涉及建筑、矿业、机电等一系列行业，覆盖面广，影响巨大，通过考试形成了一支较为庞大的注册执业人员队伍，包括注册造价工程师、注册监理工程师、注册建造师、注册咨询工程师、注册房地产估价师、注册物业管理师、注册设备监理工程师、注册岩土工程师、注册土地估价师等。执业资格认证体系的完备促使工程管理人才培养与市场需求紧密结合，有力推动了工程管理学科建设和教学改革主动适应社会和市场的需求，在我国高等教育改革中走在了前列；同时，规范了行业从业人员的知识、能力评价和市场准入方式，确保了从业人员具有相应的资历和素养，为从业人员有效履行工程管理职能和提高工程建设效益奠定了良好的基础。

二、工程管理行业发展趋势

当前，我国正处于新型工业化、城市化与生态化进程的关键时期，工程建设在全国范围内大规模展开，各领域的工程出现了规模大型化、技术复杂化、产业分工专业化和技术一体化等趋势。工程由传统的技术密集型向资本密集型、知识密集型领域延伸。这些发展趋势，要求高层次工程管理类人才必须要工程技术与现代管理的深度融合，同时具备技术创新和管理创新的综合能力。

现代工程管理的发展趋势主要体现在以下方面。

（一）理论技术方法不断创新

持续创新与工程实践紧密结合是现代工程管理的本质内涵和永恒主题。通过从产品开发到市场化的全过程创新来推动经济发展，将成为现代工程管理所关注的重要问题。

随着科学技术的迅速发展，在建筑市场面临经济一体化、市场国际化竞争的环境下，工程管理将更广泛、更深入地吸收、融合系统工程、信息论、人工智能、运筹学和现代软科学等理论和预测技术、决策技术、数学分析方法、数理统计方法、模糊数学、线性规划、网络技术、图论、排队论等技术方法的最新成就，在理论方法和技术手段等方面，进一步向着系统化、精确化的方向发展，全过程、全方位、多层次的工程管理模式将逐步形成。工程管理不但演变为全寿命周期的管理（从工程的需求论证、前期决策、实施运营，直到工程淘汰为止），还广泛结合工程实践，在管理理论与技术方法等方面不断产生新的突破。例如，在理论上已形成了复杂巨系统（高度不确定性、多目标、多维变量）的决策和各种资源配置与控制运行等理论；在方法上已形成了许多有效的随机网络与风险评审技术，开发了专用软件，并与计算机结合起来形成了工程信息管理系统、工程管理决策支持系统等。为适应管理高效的需要，工程管理应采用先进的技术装置或技术手段，如电子计算机的应用以及管理通信装置、时间指示记录装置、生产监控装置、文件资料复制设备、多媒体等。随着生产规模扩大，技术复杂程度越来越高，企业的信息量急剧增加，将信息技术更多地应用于管理，不仅可以节约人力，而且可以做到准确及时。工程管理是当代社会技术与管理协同发展、有机结合的产物，工程管理的理论、技术创新，将不断提升工程管理行业地位和学科水平，推动工程管理行业为全球经济发展发挥更为重要的作用。

（二）管理组织效率更高

提高管理组织的效率，必须根据现代管理组织理论，采用开放系统模式，并用科学的法规和制度规范组织行为，确定组织功能和目标，协调管理组织系统内部各层次之间及其同外部环境之间的关系，提高管理组织的工作效率。在管理组织构建和实施管理的全过程中，市场观念、服务观念、竞争观念、革新观念等得以更强的体现。

（三）管理方式更为民主

现代工程建设是成千上万人的活动，发挥集体智慧至关重要。这里所说的民主是指在工程项目经理统一指挥下充分发挥众多管理人员的积极性和创造性，共同搞好管理。21世纪的工程管理是以人为中心的人力资本的知识管理。知识网络化是管理的组织基础，注重人的作用和人际沟通是提高管理水平和效率的关键。内部跨职能、外部跨企业的多任务团体，经营环境快速变化导致工程管理工作日益复杂，需要建立跨职能的机动团队，突破部门分工的严格界限，使之能适应快速多变的环境，增强企业活力和效能。只有以人力资源为核心，充分发扬民主，才能使人、财、物资源的整合达到最佳效果。

（四）服务的市场范围更为广阔

市场国际化是现代工程管理的另一发展趋势。一方面，改革开放以来，特别是我国加入WTO后，国外的工程大承包商必定利用其资本、技术、管理、人才、服务等优势，挤占我国国内的工程建设市场。另一方面，入世后根据最惠国待遇和国民待遇，我国工程公司将获得更多的机会，可以与其他成员国工程公司拥有同等的权力，并享有同等的关税减免。在"贸易自由化"原则指导下，对外工程承包的审批程序减少，将有更多的中国公司从事国际工程承包，并逐步过渡到自由经营，更加从容、稳健地融入国际市场。因而从行业发展和"走出去"的角度来看，推动我国工程管理的国际化显得尤为迫切。

（五）从业人员专业素养要求更高

特大型、巨型工程的不断出现，工程建设呈现出施工活动规模大、机械化程度高、质量要求严、经济核算要求准确、计划要求周密的特点，施工管理、质量管理、预算管理、机械设备管理、财务管理等管理工作的专业化程度越来越高，并更多地采用了现代科学技术方法和工具。这就需要专业化的工程管理公司，提供全套的专业化咨询和管理服务，也要求工程项目经理及其专业管理人员不仅要熟悉业务，同时要学会应用现代管理方法和手段，成为工程管理的通才和专业管理的内行。

工程管理是科学、技术和艺术相结合的综合性学科，注重自然科学、工程科学、人文社会科学以及管理科学的交叉与融合。因此，从事工程管理工作除了具有必需的专业知识和实践技能外，还应具备良好的外语应用能力、独立决策能力、凝聚团队的管理能力、学习和应用新技术能力以及开发满足市场需求的新产品的能力。

三、工程管理相关行业组织

（一）国外部分工程管理行业组织

1. 国际咨询工程师联合会（FIDIC）

FIDIC 是"国际咨询工程师联合会"法文名称 Fédération Internationale Des Ingénieurs-Conseils 前 5 个字母，其英文名称是 International Federation of Consulting Engineers，简称"菲迪克"。FIDIC 创建于 1913 年，总部设在瑞士的洛桑，最初由欧洲 5 国独立的咨询工程师协会组成。二战后成员数目迅速增加，现已成为拥有遍布全球 60 多个成员的国际协会，是世界上最具权威的咨询工程师民间行业组织。中国工程咨询协会于 1996 年正式加入该组织。

作为一个国际性的非官方组织，FIDIC 的宗旨是要将各个国家独立的咨询工程师行业组织联合成一个国际性的行业组织；鼓励制订咨询工程师应遵守的职业行为准则，以提高为业主和社会服务的质量；研究和增进会员的利益，促进会员之间的关系，增强本行业的活力；提供和交流会员感兴趣和有益的信息，增强行业凝聚力。FIDIC 合同条件虽然不是法律，也不是法规，却已成为全世界公认的一种国际惯例。

FIDIC 官方网站：www.fidic.org

2. 英国皇家特许建造学会（CIOB）

英国皇家特许建造学会（Chartered Institute of Building，CIOB）是一个主要由从事建筑管理的专业人员组成的社会团体，是一个涉及建设全过程管理的专业学会。该学会成立于 1834 年，全球会员人数从 1965 年

的 4 千人增加到如今的 42000 余人，会员遍及世界上 90 多个国家。CIOB 的成员具有不同的层次，其中资深会员（FCIOB）和正式会员（MCIOB）被称为"皇家特许建造师"（Chartered Builder）。

"皇家特许建造师"资格在国际上得到广泛认可，成为欧盟、美国、澳大利亚、非洲和东南亚等国家和地区获得就业机会的通行证。在亚洲，CIOB 在中国大陆、中国香港、马来西亚等地均设有办事处，以更好地在当地发展壮大 CIOB 会员队伍，扩大国际影响，保持会员间的联系，加强会员间的国际交流。CIOB 在中国的办事处设立于 2001 年。

CIOB 官方网站：www. ciob. org. uk

CIOB 中国网站：www. ciob. org. cn

3. 英国皇家特许测量工程师协会（RICS）

英国皇家特许测量师学会（Royal Institution of Chartered Surveyor，RICS）是世界上最大的房地产、建筑、测量和环境领域的综合性专业团体，是为全球广泛认可的拥有"物业专才"之称的世界级专业性学会。

RICS 成立于 1868 年，迄今为止，已经拥有 13 万多会员分布在全球 120 多个国家。RICS 在房地产、建设治理、项目治理、资产评估、规划与开发、设施治理、土地测量、建筑测量、治理咨询等专业领域向会员提供专业服务。RICS 的主要职责包括制定行业标准、规范行业行为、为政府机构出谋划策、为会员提供专业服务、授权大学培训和促进行业发展等。

RICS 官方网站：www. rics. org

4. 英国土木工程师协会（ICE）

英国土木工程师协会（Institute of Civil Engineers，ICE）成立于 1818 年，是世界上历史最悠久的专业工程机构，也是非盈利性质的行业学术组织。ICE 的会员来自全球 150 多个国家，专业从事建筑领域中常见的桥梁、道路、运河、机场、铁路、电站以及医院和学校等的设计、项目管理和建造工作。目前，ICE 会员达到 8 万多名，是世界上最大的代表个体土木工程师的独立团体。

ICE 官方网站：www.ice.org.uk

5. 美国土木工程师协会（ASCE）

美国土木工程师学会（The American Society
of Civil Engineers，简称 ASCE）成立于 1852 年，
是历史悠久的国家专业工程师学会之一。现在，
ASCE 在全球土木工程领域占有重要的地位和影响，超过 13 万的成员来自
全球 159 个国家和地区。

ASCE 官方网站：www.asce.org

6. 美国项目管理协会（PMI）

美国项目管理协会（Project Management
Institute，PMI）成立于 1969 年，是全球领先的
项目管理行业的倡导者，它创造性地制定了行业
标准，由 PMI 组织编写的《项目管理知识体系 PMBOK 指南》已经成为项
目管理领域的权威教科书，被誉为项目管理"圣经"。PMI 目前在全球 185
个国家有 50 多万会员和证书持有人，是项目管理专业领域中由研究人员、
学者、顾问和经理组成的全球性的专业组织机构。该协会推出的项目管理专
业人员资格 PMP（Project Management Professional）认证已经成为全球权
威的项目管理资格认证。

PMI 官方网站：www.pmi.org

7. 美国工程管理学会（ASEM）

美国工程管理学会（American Society for Engi-
neering Management，ASEM）于 1979 年由 20 名来自
工业界、教育界和政府的工程管理者联合创办。学会
的宗旨包括发展和分享工程管理知识体系、指导和完
善工程管理教育体系、提高工程管理专业人士的职业素养、吸引工程管理专
业人才、培育工程管理领域最佳实践方法等。

除以上在国际上有较大影响力的行业组织之外，国外其他一些行业组织
的名称、国家以及其官方网站列举见表 2-1。

名 称	国家	官方网站
建设工程师联合会（ABE）	英国	http：//www. abe. org. uk/
建筑师及测量师组织（AS&I）	英国	http：//www. asi. org. uk/
建筑工程与管理教授委员会（CPBE&M）	英国	http：//pisces. sbu. ac. uk/BE
欧洲建设组织（TECI）	欧洲	http：//www. lboro. ac. uk/departments/cv/eci/
美国工程及技术评估委员会（ABET）	美国	http：//www. abet. org
美国建筑教育协会（ACCE）	美国	http：//www. acce. org
美国建造师协会（AIC）	美国	http：//www. aicnet. org/
美国总承包商联合会（AGC）	美国	http：//www. agc. org/
美国互操作联盟（IAI）	美国	http：//www. interoperability. com/
澳大利亚皇家建筑师协会（RAIA）	澳大利亚	http：//www. raia. com. au/
加拿大土木工程协会（CSCE）	加拿大	http：//www. csce. ca/
德国建筑工业联合会（HDB）	德国	http：//www. bauindustrie. de/

国外部分工程管理行业组织简况   表 2-1

（二）国内部分工程管理行业组织

1. 中国国际工程咨询协会（CAIEC）

中国国际工程咨询协会（China Association of International Engineering Consultant，CAIEC）成立于 1993 年 2 月 9 日。协会为经国家有关部门注册从事国际工程咨询业务的企业 （设计院、所、咨询工程公司等）及咨询工程师自愿结成的非营利性的全国性行业组织。CAIEC 具有独立的法人地位，接受中华人民共和国商务部的领导和管理。

在国家对外经济合作方针政策的指导下，CAIEC 协助政府有关部门对会员进行业务协调和管理，积极帮助会员在国际上开展工程咨询服务；向会员提供国际工程咨询信息和商业机会及人才培训服务；维护会员的合法权益和国家利益；与国际上相关行业组织建立友好联系，促进我国国际经济技术合作事业的发展。

CAIEC 目前已有正式会员 267 家，其中大型甲级设计院 249 家，综合性国际经济技术合作公司 18 家，他们均是具有法人地位的经济实体，能独立或联合承包国内外工程项目。

2. 中国工程咨询协会（CNAEC）

中国工程咨询协会（China National Association of Engineering Consultant，CNAEC）成立于 1992 年底。会员遍布全国各地。28 个省、自治区、直辖市成立了  地区工程咨询协会或筹备组，形成了全国工程咨询行业组织网络。

协会为工程咨询单位、注册咨询工程师及在工程技术经济领域富有咨询和管理经验的专家、学者自愿组成的非营利性行业组织，是经民政部注册登记具有法人资格的全国性社会团体，是对外代表中国工程咨询业的行业协会。1996 年 CNAEC 被接纳成为国际咨询工程师联合会（FIDIC）正式会员，是亚太地区工程技术咨询发展计划组织（TCDPAP）正式成员。

3. 中国建设工程造价管理协会（CECA）

中国建设工程造价管理协会（China Engineering Cost Association，CECA），简称中价协，于 1990 年 7 月正式成立，是具有法人资格的全国性社会团体。

根据各专业建设工程造价管理工作的特点和需要，CECA 已成立了 5 个专业委员会和 15 个工作委员会，并且在全国各省、自治区、直辖市成立了共 25 个地方造价协会。

中国建设工程造价管理协会是由工程造价管理单位、工程造价咨询单位和造价工程师及工程造价领域的资深专家、学者自愿组成，具有社团法人资格的全国性社会团体，也是中国工程造价咨询业的行业协会。CECA 属非营利性社会组织，旨在维护会员的合法权益，建立和完善服务、管理、协调的行业自律机制，不断提高工程造价专业人员的素质和执业水平，为合理确定和有效控制工程造价，提高工程投资效益服务。

4. 中国建筑业协会工程项目管理委员会（CPMC）

中国建筑业协会工程项目管理委员会（Construction Project Management of China，CPMC）成立于 1992 年，以研究探讨、总结交流和推广实施工程项目管理理论、政策、法规和经验为宗旨。

CPMC 是由建筑业企事业单位、行业管理部门、大中专院校和热心于项目管理的业内人士自愿参加的社会团体。在中国建筑业协会和政府建设主管部门领导和具体指导下，按照国家建筑业总体改革思路的要求，推进中国建筑业企业工程项目管理体制改革和工程总承包，培育和扶持工程项目管理公司，促进我国的工程管理工作更好地与国际接轨。

5. 中国招标投标协会（CTBA）

中国招标投标协会（China Tendering & Bidding Association，CT-

BA）于 2005 年 9 月 10 日正式成立，是具有法人资格的全国性的社会团体。

CTBA 是由我国从事招标投标活动的企事业单位、社会中介组织，进行招标投标理论研究的机构、团体、专家学者，以及招标投标从业人员自愿组成的非营利性的招标投标行业组织，是对外代表中华人民共和国招标投标行业的协会。CTBA 旨在协调招标投标工作，规范招标投标行为，培育统一开放、竞争有序的市场体系，促进我国招标投标事业的健康发展。

6. 中国建设监理协会（CAEC）

中国建设监理协会（China Association of Engineering Consultants，CAEC）于 1998 年 4 月正式成立，为从事工程建设监理业务的监理单位自愿结成的全国性非营利性的行业社会团体。CAEC 接受业务主管单位——中华人民共和国住房和城乡建设部和社团登记管理机关——中华人民共和国民政部的业务指导和监督管理。CAEC 旨在维护会员的合法权益，及时向政府有关部门反映会员的要求和意见，引导会员遵循"守法、诚信、公正、科学"的职业准则，为发展我国社会主义现代化建设事业，提高我国工程建设和工程建设监理的水平而努力工作。

7. 中国施工企业管理协会（CEPMAC）

中国施工企业管理协会（Construction Enterprise Management Association of China，CEPMAC）于 1984 年 2 月经国家发改委批准成立，是经民政部注册登记的社团法人。CEPMAC 现有会员单位 600 余家。

CEPMAC 是由全国各地区、各部门施工企业自愿组成，并经国家正式批准的全国行业性社会团体。协会受国家计委的指导，会址设在北京。CEPMAC 直接为企业服务，为重点建设项目服务；在政府主管部门和建设单位、施工企业之间起桥梁和纽带作用，维护施工企业的合法权益。

思　考　题

1. 什么是工程?

2. 什么是管理?

3. 为什么工程必须与管理相结合才能产生良好的效益?

4. 工程管理行业有哪些基本特点?

5. 现代工程管理具有怎样的发展趋势?

第三章 建设工程管理概述

建设工程管理既是工程管理的重要组成部分，也是本书重点讨论的内容。建设工程管理直接或间接服务于国民经济的各行各业，与建筑业与房地产业的关系最为紧密。在了解建设工程管理之前，有必要知悉我国的建筑业和房地产业的大致情况。

建筑业和房地产业分属我国国民经济的第二和第三产业，是我国国民经济的重要组成部分。厘清这两大行业各自的内涵与外延，了解它们之间的区别与联系，可以帮助我们尽早建立起对于学习建设工程管理以及将来从事这一行业的正确认识。

第一节 建 筑 业 概 述

一、建筑业定义与内涵

对建筑业的界定有广义和狭义之分。

广义的建筑业是指建筑产品生产的全过程及参与该过程的各个产业和各类活动，包括建设规划、勘察、设计、施工、建筑构配件生产、安装，建成环境的运营、维护、管理以及相关的技术、管理、商务、法律咨询和中介服务、相关的教育科研培训等等。

狭义的建筑业仅指房屋和土木工程建筑业、建筑安装业、建筑装饰业和其他建筑业等四个分行业，属于第二产业。

狭义的建筑业从行业特性及统计的可操作性出发，目的在于进行统计分析，而不是为了限制企业活动及作为政府行业管理的依据。历史经验证明，在考虑企业发展、行业定位和行业管理时采用狭义建筑业的概念，会给建筑业的发展带来很大的束缚。实际上，工业发达国家在国民经济核算和统计时均采用了狭义建筑业的概念，而在行业管理中采用了广义建筑业的概念。

依据《国民经济行业分类》（GB/T 4754 — 2011）行业划分，建筑业具体内容如下：

大　类	中　类	小　类
房屋建筑业	房屋建筑业	房屋建筑业
土木工程建筑业	铁路、道路、隧道和桥梁工程建筑	铁路工程建筑
		公路工程建筑
		市政道路工程建筑
		其他道路、隧道和桥梁工程建筑
	水利和内河港口工程建筑	水源及供水设施工程建筑
		河湖治理及防洪设施工程建筑
		港口及航运设施工程建筑
	海洋工程建筑	海洋工程建筑
	工矿工程建筑	工矿工程建筑
	架线和管道工程建筑	架线及设备工程建筑
		管道工程建筑
	其他土木工程建筑	其他土木工程建筑
建筑安装业	电气安装	电气安装
	管道和设备安装	管道和设备安装
	其他建筑安装业	其他建筑安装业
建筑装饰和其他建筑业	建筑装饰业	建筑装饰业
	工程准备活动	建筑物拆除活动
		其他工程准备活动
	提供施工设备服务	提供施工设备服务
	其他未列明建筑业	其他未列明建筑业

（一）房屋建筑业

房屋建筑业指房屋主体工程的施工活动，不包括主体工程施工前的准备

活动。包括房屋工程的地基、打桩工程、砖石工程、钢筋工程、混凝土工程、构架工程、顶构架工程、钢结构工程、预制构件组装与装配工程、幕墙工程、防水工程、升降脚手架服务、起重设备服务、门窗工程等；不包括主体工程施工前的准备活动。

包括：

✓　住宅房屋工程服务：低层房屋工程服务、高层房屋工程服务；

✓　办公商务房屋工程服务、工业用房屋工程服务；

✓　体育馆工程服务；

✓　其他房屋工程服务；

✓　住宅房屋建筑物：保障性住房、普通商品房、公寓、别墅、其他住宅房屋；

✓　商业及服务用房屋建筑物：商厦房屋、宾馆用房屋、餐饮用房屋、商务会展用房屋、其他商业及服务用房屋；

✓　办公用房屋建筑物；

✓　科研、教育、医疗用房屋建筑物：科学研究用房屋、教育用房屋、医疗用房屋；文化、体育、娱乐用房屋建筑物：文化用房屋、体育及休闲健身用房屋、娱乐用房屋；

✓　厂房及建筑物：车间、锅炉房、烟囱、水塔、其他厂房及建筑物；

✓　仓库房屋建筑物；

✓　客运等候及指挥用房屋建筑物：火车候车室房屋、汽车候车室房屋、港口候船室房屋、民航候机厅房屋、民航指挥塔房屋、其他客运等候及指挥用房屋；

✓　其他房屋建筑物。

不包括：

×　工程施工前的拆除、爆破等活动，列入5021（建筑物拆除活动）；

×　工程施工前平整土地、挖土、运土等活动，列入5029（其他工程准备活动）；

×　企业特殊设施的施工（如：石化厂的炼化、炼焦设施，油、气库设施；冶金厂的冶炼设施以及其他专门用工业设施），列入4840（工矿工程建筑）；

×　火车站的铁轨铺设施工，列入 4811（铁路工程建筑）；

×　飞机场的跑道设施工，列入 4819（其他道路、隧道和桥梁工程建筑）；

×　城市公共绿地、广场的建设，列入 4890（其他土木工程建筑）。

（二）土木工程建筑业

土木工程建筑业指土木工程主体的施工活动，不包括主体工程施工前的土方挖运、拆除、爆破等工程准备活动，该活动列入 5021（建筑物拆除活动）或 5029（其他工程准备活动）。

1. 铁路、道路、隧道和桥梁工程建筑

（1）铁路工程建筑

指铁路地基、打桩、建筑砖石、钢筋、混凝土、构架、钢结构、预制构件组装与装配、建筑起重设备等工程服务。

包括对下列铁路工程的建筑活动：

√　铁路工程服务：铁路路基工程服务、其他铁路工程服务；

√　铁路及设施：铁路线路、铁路站台、铁路隧道、铁路桥梁、其他铁路设施；

√　铁路铺轨服务；

√　铁路铺轨桥梁工程服务；

√　铁路隧道工程服务。

不包括：

×　火车站旅客等候厅（室）的施工，列入 4700（房屋建筑业）；

×　铁路电气设施的施工，列入 4910（电气安装）。

（2）公路工程建筑

指公路地基、打桩、建筑砖石、铺路、混凝土等工程服务。

包括对下列公路工程的建筑活动：

√　公路工程服务：公路路基工程服务、公路路面工程服务、其他公路工程服务；

√　公路工程设施：高速公路工程设施、非高速公路工程设施、公路隧道工程设施、公路桥梁工程设施、公路收费站工程设施、停车场工程设施。

不包括：

×　城市道路、桥梁、隧道的养护，列入 7810（市政设施管理）；

×　非城市道路、桥梁、隧道的养护，列入 5442（公路管理与养护）。

（3）市政道路工程建筑

市政工程中的打桩、地基、建筑砖石、钢筋、混凝土、构架、钢结构、预制构件组装与装配、防水、建筑附着升降脚手架、建筑起重设备等工程服务。

包括对下列市政道路工程的建筑活动：

√　市政道路工程服务：市政道路路基工程服务、市政道路路面工程服务、其他市政道路工程服务；

√　市政轨道交通工程服务：市政轨道路基工程服务、市政轨道铺轨工程服务、其他市政轨道交通工程服务；

√　其他市政工程建筑：市政行车道路、市政行人道路、市政立交桥、市政道路隧道、市政无轨电车电气设施、市政公交停车场、其他未列明市政工程建筑。

不包括：

×　汽车站旅客等候厅（室）的施工，列入 4700（房屋建筑业）；

×　城市道路、桥梁、隧道的养护，列入 7810（市政设施管理）；

×　城市地下排水管道的施工，列入 4852（管道工程建筑）；

×　非城市道路、桥梁、隧道的养护，列入 5442（公路管理与养护）；

×　地下水渠、河道的施工，列入 4821（水源及供水设施工程建筑）。

（4）其他道路、隧道和桥梁工程建筑

指其他道路、隧道、桥梁等的地基、建筑砖石、建筑钢筋、混凝土、建筑物构架、钢结构、预制构件组装于装配、防水、建筑附着升降脚手架、建筑物期中设备等工程服务。

包括对下列其他道路、隧道和桥梁工程的建筑活动：

√　其他桥梁工程服务：城市轨道桥梁工程服务、其他未列明桥梁工程服务；

√　其他隧道工程服务：城市地铁隧道工程服务、其他未列明隧道工程服务；

√　城市轨道交通设施：地铁设施、城市有轨电车设施、城市轻轨交通设施、索道运输设施；

√　飞机场及设施：飞机跑道、飞机场停机坪、其他飞机场设施；

√　其他道路及设施。

不包括：

×　飞机场旅客等候厅（室）的施工，列入 4700（房屋建筑业）；

×　城市道路、桥梁、隧道的养护，列入 7810（市政设施管理）；

×　非城市道路、桥梁、隧道的养护，列入 5442（公路管理与养护）；

×　城市地下排水管道的施工，列入 4852（管道工程建筑）。

2. 水利和内河港口工程建筑

指水利、港口的地基工、打桩、建筑砖石、钢筋、混凝土、构架、钢结构、预制构件组装与装配、防水、建筑附着升降脚手架、建筑起重设备等工程服务。

（1）水源及供水设施工程建筑

包括对下列水源及供水设施工程的建筑活动：

√　水工隧洞工程服务、水井工程服务；

√　水利设施（部分）：水利枢纽设施、水库设施、引水河渠设施、灌溉排水设施。

不包括：

× 供水管道、排水管道的施工，列入4852（管道工程建筑）；

× 水处理及净化水厂工程，列入4840（工矿工程建筑）；

× 单纯的发电机组安装工程，列入4840（工矿工程建筑）；

× 水利发电的电力送配工程，列入4851（架线及设备工程）。

（2）河湖治理及防洪设施工程建筑

包括对下列河湖治理及防洪设施工程的建筑活动：

√ 水利土石方工程服务：水工建筑物基础处理工程服务、水工大坝工程服务、河湖整治工程服务、堤防工程服务；

√ 水利设施（部分）：江河堤坝设施、城市防洪设施、海堤设施、蓄滞洪区设施、橡胶坝拦河设施、山洪防御设施。

不包括：

× 供水管道、排水管道的施工，列入4852（管道工程建筑）；

× 水处理及净化水厂工程，列入4840（工矿工程建筑）；

× 单纯的发电机组安装工程，列入4840（工矿工程建筑）；

× 水力发电的电力送配工列入4851（架线及设备工程建）。

（3）港口及航运设施工程建筑

包括对下列港口及航运设施工程的建筑活动：

√ 水运工程服务：港口土石方工程服务、港口与海岸工程服务、航道工程服务、通航建筑工程服务、水上交通管制工程服务、其他水运工程服务；

√ 港口与航道设施：港口船舶停泊设施、港口货物装卸设施、船坞设施、水上航标设施、航道设施、其他港口与航道设施。

不包括：

× 户外供水管道、排水管道的施工，列入4852（管道工程建筑）；

× 非港口的沿岸护滩、景观、防侵蚀、围海造地等工程，列入4830（海洋工程建筑）。

3. 海洋工程建筑

指海上工程、海底工程、近海工程建筑活动，不含港口工程建筑活动。

包括对下列海洋工程的建筑活动：

✓ 沿岸工程设施：围海造地工程设施、防侵蚀工程设施、护岸护滩工程设施、海洋观景设施、滨海污水海洋处置工程设施；

✓ 离岸工程设施：海洋平台设施、人工岛屿设施、人工渔礁设施；

✓ 海水利用设施：海水淡化设施、海水直接利用设施、海水淡化利用设施；

✓ 海洋能利用设施：波浪能利用设施、潮汐能利用设施、潮流能利用设施、海底热能利用设施；

✓ 海底工程设施：海底场馆设施、海底隧道设施、海底电缆设施、海底管道设施；

✓ 海洋石油工程服务。

4. 工矿工程建筑

指除厂房外的矿山和工厂生产设施、设备的施工和安装。

包括对下列工矿工程的建筑活动：

✓ 工矿工程服务：矿山工程服务、火电设备工程服务、核工程服务、炉窑工程服务、冶炼机电设备工程服务、石油化工设备工程服务、无损检测工程服务、环保工程服务、防腐保温工程服务、其他工矿工程服务；

✓ 矿山施工：含坑道、隧道、井道的挖掘、搭建；

✓ 水利发电机电设备工程服务；

✓ 自来水厂、污水处理厂的施工；

✓ 水处理系统的安装施工；

✓ 燃气、煤气、热力供应设施的施工；

✓ 固体废弃物治理工程施工：如城市垃圾填埋、焚烧、分拣、堆肥等施工；

✓ 其他未列明的工矿企业生产设备的施工；

✓ 采矿建筑设施：煤炭开采建筑设施、石油开采建筑设施、金属矿开采建筑设施、非金属矿开采建筑设施、其他采矿建筑设施；

√ 制造业生产建筑设施：石油化工生产建筑设施、冶金生产建筑设施、工业储油建筑设施、工业储气建筑设施、其他制造业生产建筑设施；

√ 电、水、气生产建筑设施（部分）：火力发电建筑设施、自来水生产建筑设施、污水处理建筑设施、燃气供应建筑设施、热力生产建筑设施、其他电、水、气生产建筑设施；

√ 电力工程施工与发电机组设备安装：如水利发电、火力发电、核能发电、风力发电等；

√ 工厂生产设施、设备的施工与安装：如炼化、焦化设备，大型储油、储气罐、塔，大型锅炉，冶炼设备，以及大型成套设备、起重设备、生产线等；

√ 其他工矿设施。

不包括：

× 工厂厂房、车间等房屋的施工，列入 4700（房屋建筑业）；

× 石油、天然气开采的搭架钻井工程，列入 1120（石油和天然气开采辅助活动）；

× 水利与发电机组安装在一起的工程，列入 4821（水源及供水设施工程建筑）；

× 电力送配工程，列入 4851（架线及设备工程建筑）；

× 油田、化工厂、热力、燃气、自来水等输送管道的工程施工，列入 4852（管道工程建筑）；

× 海洋石油建设工程的施工及安装，列入 4830（海洋工程建筑）。

5. 架线和管道工程建筑

指建筑物外的架线、管道和设备的施工活动。

（1）架线及设备工程建筑

包括对下列架线和管道工程的建筑活动：

√ 架线工程服务：送变电工程服务、电信工程服务、城市照明工程服务、其他架线工程服务；

√　电力输送设施：变电站设施、高压电力输送线设施、低压电力输送线设施、城市照明电力设施、其他电力输送设施；

√　通信设施：无线通信设施、有线通信架线设施、卫星通信接设施、其他通信设施；

√　广播电视传输设施：广播信号传输设施、电视信号传输设施、广播电视卫星接收设施、其他广播电视传输设施；

√　其他架线及设备工程施工

不包括：

×　建筑物内各种线路的安装施工，列入 4910（电气安装）；

×　建筑物内广播电视接收设备的安装，列入 4910（电气安装）；

×　建筑物内及房顶的通信设施的安装，列入 4910（电气安装）；

×　海底缆线的施工，列入 4830（海洋工程建筑）。

（2）管道工程建筑

包括对下列管道工程的建筑活动：

√　管道工程服务：输油管道工程服务、输气管道工程服务、输水管道工程服务、城市管道工程服务、其他管道工程服务；

√　管道运输设施：原油、成品油输送管道设施、天然气，相关气体输送管道设施、水输送管道设施、其他管道运输设施；

√　城市管道设施：自来水供应管道设施、燃气供应管道设施、热力输送管道设施、城市排水管道设施、其他城市管道设施；

√　其他管道工程施工。

不包括：

×　建筑物内各种线路、管道的安装施工，列入 4920（管道和设备安装）；

×　与生产、供应设备无法分开的管道输送设备的施工，列入 4840（工矿工程建筑）；

×　海洋管道的施工，列入 4830（海洋工程建筑）。

6. 其他土木工程建筑

包括对下列其他土木工程的建筑活动：

√　其他土木工程服务：高耸建筑物工程服务、园林绿化工程服务、古建筑工程服务、体育场工程服务、娱乐设施工程服务、人工湿地工程服务、其他未列明土木工程服务；

  ✓ 室外体育设施工程施工：田径场、足球场、高尔夫球场、跑马场及其他体育用工程建筑；

  ✓ 室外娱乐用设施工程施工：儿童乐园、主题游乐园、水上游乐园及其他娱乐用设施工程施工；

  ✓ 景观和绿地设施工程施工：动物园、植物园、城市公园、城市绿地及其他景观和绿地工程施工；

  ✓ 公园、园林土地平整，假山、假石等人造景观及公园索道施工；

  ✓ 水井钻探施工；

  ✓ 路牌、路标、广告牌安装施工；

  ✓ 上述未包括的其他土木工程设施。

不包括：

  × 室内体育、娱乐场所的施工，列入 4700（房屋建筑业）；

  × 户外供水管道的工程，列入 4852（管道工程建筑）；

  × 污水处理厂的施工，列入 4840（工矿工程建筑）；

  × 城市绿地草坪的管理，列入 7840（绿化管理）。

（三）建筑安装业

  指建筑物主体工程竣工后，建筑物内各种设备的安装活动，以及施工中的线路敷设和管道安装活动；不包括工程收尾的装饰，如对墙面、地板、天花板、门窗等处理活动。

  1. 电气安装

  指建筑物及土木工程构筑物内电气系统（含电力线路）的安装活动。

  包括对下列电气的安装活动：

  ✓ 电力系统安装服务：建筑物照明设备安装服务、火车站电力系统安

装服务、机场电力系统安装服务、港口电力系统安装服务、工矿企业电力系统安装服务、其他电力系统安装服务;

√ 通信线路和设备的安装;

√ 广播电视及信号设备的安装;

√ 各种交通信号灯及系统安装;

√ 电子工程安装服务:雷达、导航与测控系统工程安装服务,监控系统工程安装服务,电子自动化工程安装服务,电子设备工程安装服务,其他电子工程安装服务;

√ 智能化安装工程服务:楼宇设备自控系统工程服务、保安监控及防盗报警系统工程服务、智能卡系统工程服务、通信系统工程服务、卫星及共用电视系统工程服务、计算机网络系统工程服务、广播系统工程服务、火灾报警系统工程服务、其他智能化安装工程服务;

√ 其他电气安装。

不包括:

× 专门从事建筑物外的线路,列入 4851(架线及设备工程建筑);

× 户外(野外)电力设施、设备安装,列入 4851(架线及设备工程建筑);

× 水力、火力发电设备安装,列入 4840(工矿工程建筑)。

2. 管道和设备安装

指管道、取暖机空调系统等的安装活动。

包括对下列电气的安装活动:

√ 电力系统安装服务:建筑物照明设备安装服务、火车站电力系统安装服务、机场电力系统安装服务、港口电力系统安装服务、工矿企业电力系统安装服务、其他电力系统安装服务;

√ 通信线路和设备的安装;

√ 广播电视及信号设备的安装;

√ 各种交通信号灯及系统安装;

√ 电子工程安装服务:雷达、导航与测控系统工程安装服务,监控系统工程安装服务,电子自动化工程安装服务,电子设备工程安装服务,其他电子工程安装服务;

✓　智能化安装工程服务：楼宇设备自控系统工程服务、保安监控及防盗报警系统工程服务、智能卡系统工程服务、通信系统工程服务、卫星及共用电视系统工程服务、计算机网络系统工程服务、广播系统工程服务、火灾报警系统工程服务、其他智能化安装工程服务；

✓　其他电气安装。

不包括：

✕　专门从事建筑物外的线路，列入 4851（架线及设备工程建筑）；

✕　户外（野外）电力设施、设备安装，列入 4851（架线及设备工程建筑）；

✕　水力、火力发电设备安装，列入 4840（工矿工程建筑）。

3. 其他建筑安装业

包括对下列其他建筑的安装活动：

✓　大型设备安装服务：机电设备安装服务、起重设备安装服务、电梯安装工程服务、其他大型设备安装服务；

✓　建筑钢结构、预制构件工程安装服务；

✓　绝缘装置安装服务；

✓　水处理安装服务；

✓　隔声工程服务；

✓　上述未包括的其他建筑安装服务。

不包括：

✕　房屋防水工程，列入 4890（其他土木工程建筑）；

✕　室内墙壁、地板、天花板、门窗的安装和处理，列入 5010（建筑装饰业）；

✕　冶金、化工等企业专门工业设备安装，列入 4840（工矿工程建筑）；

✕　工厂生产设备的安装（如塔、罐、生产线等），列入 4840（工矿工程建筑）。

（四）建筑装饰和其他建筑业

1. 建筑装饰业

指对建筑工程后期的装饰、装修和清理活动，以及对居室的装修活动。

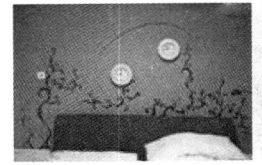

包括对下列建筑的装饰活动：

- ✓ 木工装饰活动；
- ✓ 砌筑装饰活动；
- ✓ 玻璃装饰活动；
- ✓ 瓷砖、炻砖、陶砖的装饰活动；
- ✓ 抹灰装饰活动；
- ✓ 石制装饰活动；
- ✓ 门窗安装活动；
- ✓ 涂料装饰活动；
- ✓ 其他工程装饰活动；
- ✓ 水暖工维修；
- ✓ 管道工维修；
- ✓ 电工维修；
- ✓ 木工维修；
- ✓ 泥瓦工维修；
- ✓ 其他室内维修；
- ✓ 建筑物粉刷活动；
- ✓ 路面、停车场涂漆标志活动；
- ✓ 其他建筑设施粉刷活动；
- ✓ 其他工程竣工活动及未列明建筑装饰活动。

不包括：

- ✕ 混凝土地面的施工，列入4700（房屋建筑业）；
- ✕ 隔声工程服务，列入4990（其他建筑安装业）；
- ✕ 车、船、飞机仓内的装饰活动，列入C（制造业）相应类别中。

2. 工程准备活动

指房屋、土木工程建筑施工前的准备活动。

（1）建筑物拆除

包括对下列建筑物的拆除活动：

✓ 爆破工程服务；

✓ 房屋拆除服务；

✓ 厂房、设备拆除服务；

✓ 桥梁、轨道拆除及类似拆除服务；

✓ 其他拆除工程服务。

（2）其他工程准备活动

包括对下列其他工程的准备活动：

✓ 土石方工程服务：平整场地工程服务、开挖土方工程服务、石方工程服务、土石方运输工程服务、土方回填工程服务、其他土石方工程服务；

✓ 工程排水施工服务；

✓ 其他工程准备服务。

不包括：

✕ 水利、防洪挖、填、运土方工程，列入 482（水利和内河港口工程建筑）相关类别中。

3. 提供施工设备服务

指为建筑工程提供配有操作人员的施工设备的服务。

包括下列提供施工设备的活动：

✓ 提供建筑塔吊设备施工；

✓ 提供混凝土设备施工；

✓ 提供其他设备施工。

不包括：

✕ 仅提供建筑设备，不提供操作人员的服务，列入 7113（建筑工程机械与设备租赁）。

4. 其他未列明建筑业

指为建筑工程提供配有操作人员的施工设备的服务。

包括下列提供施工设备的活动:

$\checkmark$ 提供建筑塔吊设备施工;

$\checkmark$ 提供混凝土设备施工;

$\checkmark$ 提供其他设备施工。

不包括:

$\times$ 仅提供建筑设备,不提供操作人员的服务,列入 7113(建筑工程机械与设备租赁)。

二、我国的建筑业

我国建筑业从 1949 年开始,经历了曲折的发展历程,可以概括为以下几个阶段:

1. 形成和成长阶段(1949～1957 年)

1949 年 8 月,我国第一个大型国营建筑公司华北建筑公司正式开业。

1952 年 1 月,颁发了新中国有关基本建设管理的重要规范性文件《基本建设工作暂行办法》,对基本建设的范围、组织机构、设计施工、验收交接等都作了明文规定。

同年 4 月,成立中央建筑工程部和各省市的建筑工程局,整理和合并国营建筑公司,接收和加强建筑工程师队伍,扩大建筑工程队伍。此后各地区陆续建立了建筑行业的主管部门,第一批建筑设计院相继建立,各地区的建筑队伍迅速发展。

1956 年国务院通过了《关于加强和发展建筑工业的决定》,为我国建筑业走上正规的、工业化的发展道路奠定了基础。建筑业增加值占 GDP 的比重 1952 年为 3.2%,1957 年提高到 4.3%。我国建筑业从此茁壮地成长起来。

2. 曲折阶段(1958～1976 年)

正当我国建筑业蓬勃发展时,1958 年开始的"大跃进"和十年动乱使建筑业的发展遭到巨大破坏。建筑队伍由 1958 年极度膨胀到 20 世纪 60 年代初期高度压缩,建筑业从业人员占全社会劳动者的比例由 1957 年的 3.1% 减少为 1965 年的 2.0%。随后的文化大革命中,建筑设计、科研和大专院校等单位纷纷被撤销，已建立起来的一整套制度被批判，建筑企业的管理陷入瘫痪状态。同时，用超经济的手段取代经济管理，造成建筑企业管理和施工生产的极度混乱，建筑业生产力受到严重破坏，劳动生产率大幅度下降，在工程造价提高近一倍的同时，工程质量普遍下降，工程事故之多为新中国成立以来所罕见。

3. 恢复阶段（1977～1983 年）

1978 年党的十一届三中全会以后，我国进入伟大的历史转折时期，党的工作重心转向经济建设，中央确立了改革开放的方针政策。我国建筑业以此为契机，逐步摆脱了停滞不前的困境。1983 年全社会建筑业增加值占国内生产总值的比重由 1961 年的 2.2% 增加到 4.6%，建筑业得到了恢复和加强。

在对国民经济的贡献逐步增大的同时，建筑业开始摸索自身的改革之路，进行了劳动工资制度改革，并在全行业推行了招标投标制。这些措施为建筑业的改革探索了道路，大大提高了我国建筑业的劳动生产率。

4. 发展阶段（1984 年以后）

（1）引入了工程施工竞争制。在 1983 年全行业推行招标投标制的基础上，工程项目实行公开招标投标制。

（2）建立了新的劳动工资制度。1984 年国务院明确提出，国有企业除必需的技术骨干外，原则上不再招收固定职工。这一政策加快了用工制度改革。

（3）加快了管理体制改革。1984 年国家把建筑业的改革作为推行经济体制改革的突破口，由原来计划经济体制下的任务分配开始走向市场调节下的招标投标轨道，在调整企业组织结构、进行项目法施工和实施资质管理等方面狠下工夫，加快了管理体制的改革步伐。

（4）加强了法制建设。市场经济的发展需要完善的法律、法规来保证。1997 年 11 月 1 日通过的《中华人民共和国建筑法》为加强对建筑活动的监督管理，维护建筑市场秩序，保证建筑工程的质量和安全提供了法律保障。1999 年 3 月 3 日建设部又颁发了《建设部、监察部关于工程建设若干违法违纪经济行为处罚办法》，以加强对工程建设的管理和监督。

如今，建筑业已经发展成为我国国民经济的重要产业部门，它通过大规模的固定资产投资（包括基本建设和技术改造）活动为国民经济各部门、各行业的持续发展和人民生活的持续改善提供物质基础，是各行各业固定资产投资转化为现实生产能力和使用价值的必经环节，直接影响着国民经济的增长和社会劳动就业状况，直接关乎着社会公众的生命财产安全和生产、生活质量。在西方发达国家相当长的历史时期中，建筑业曾与钢铁、汽车工业等并列为重要支柱产业。新中国成立以后，在物质产品平衡表体系（MPS）的国民经济核算体系中，长期将建筑业与工业、农业、运输邮电业、商业饮食业合称为五大物质生产部门。在后来实施的国民账户体系（SNA）国民经济核算体系中，将建筑业与工业并列，共同构成第二产业。如今，建筑业已经与机械电子、信息产品制造、石油化工、汽车制造业等行业一起，共同构成我国国民经济的支柱产业。2004～2010 年我国固定资产投资、GDP 和建筑业总产值增长情况如图 3-1 所示。

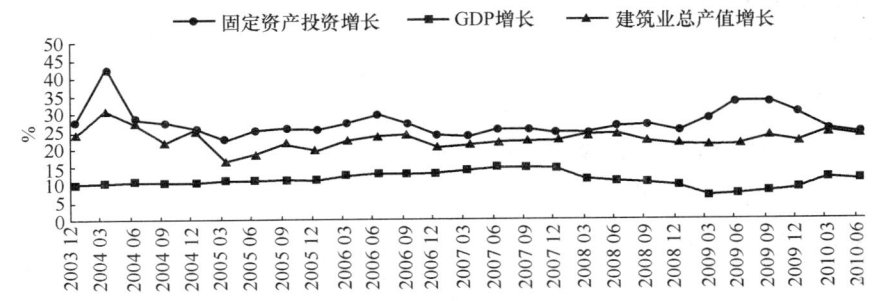

图 3-1　2004～2010 年我国固定资产投资、GDP 和建筑业总产值增长情况

第二节　房 地 产 业 概 述

一、房地产业定义与内涵

房地产业是从事房地产投资、开发、经营、管理和服务的行业。依据《国民经济行业分类》（GB/T 4754 — 2011）行业划分，房地产业具体内容如下：

大类	中类	小类
房地产业	房地产开发经营	房地产开发经营
	物业管理	物业管理
	房地产中介服务	房地产中介服务
	自有房地产经营活动	自有房地产经营活动
	其他房地产业	其他房地产活动

（一）房地产开发经营

指房地产开发企业进行的基础设施建设、房屋建设，并转让房地产开发项目或者销售、出租房屋的活动。

包括：

✓　土地使用权的转让、买卖和租赁活动；

✓　住宅、公寓的开发、销售、出租等活动；

✓　办公楼的开发、销售、出租等活动；

✓　商业营业用房的开发、销售、出租等活动；

✓　其他建筑物的开发、销售、出租等活动。

不包括：

×　房屋及其他建筑物的工程施工活动，列入 E（建筑业）的相关行业类别中；

×　房地产商自营的独立核算（或单独核算）的施工单位，列入 E（建筑业）的相关行业类别中；

×　家庭旅社、学校宿舍、露营地的服务，列入 6690（其他住宿服务）。

（二）物业管理

指物业管理企业依照合同约定，对物业进行专业化维修、养护、管理，以及对相关区域内的环境、公共秩序等进行管理，并提供相关服务的活动。

包括：

✓　住宅小区、住宅楼、公寓、别墅、度假村等物业管理；

　　✓　综合楼、办公楼、写字楼、商场、商厦、购物中心、酒店、康乐场所等物业管理；

　　✓　工厂厂房、仓库等物业管理；

　　✓　车站、机场、港口、码头、医院、学校等物业管理；

　　✓　房管部门（房管局、房管所）对直管公房的管理；

　　✓　单位对自有房屋的管理；

　　✓　其他物业管理。

不包括：

　　✕　独立的房屋维修及设备更新活动，列入 E（建筑业）相关类别中；

　　✕　贸易大厦、小商品大厦的市场管理活动，列入 7470（市场管理）；

　　✕　社区服务，列入 8290（其他居民服务）。

（三）房地产中介服务

指房地产咨询、房地产价格评估、房地产经纪等活动。

包括：

　　✓　房地产价格评估机构活动；

　　✓　房屋买卖居间、代理活动；

　　✓　房屋租赁居间、代理活动；

　　✓　房地产咨询活动；

　　✓　房屋置业担保；

　　∨　其他房地产中介代理。

不包括：

　　✕　房产测绘，列入 7640（测绘服务）。

（四）自有房地产经营活动

　　指房地产开发商、房地产中介、物业公司以外的单位和居民住产对自有房地产（土地、住房、生产经营用房和办公用房）的买卖和以营利为目的的租赁活动，以及房地产管理部门和企事业、机关提供的非营利租售服务，还包括居民居住自有房屋所形成的住房服务。

（五）其他房地产活动

　　包括：

　　∨　房地产交易管理；

　　∨　房屋权属登记管理；

　　∨　房屋拆迁管理；

　　∨　住房及房改积（基）金的管理；

　　∨　其他未列明的房地产活动。

不包括：

　　✕　房地产行政主管部门的活动，列入 9425（经济事务管理机构）。

二、我国的房地产业

　　房地产业在我国历史悠久，发展跌宕起伏，其发展大体上可以分为下列几个阶段：

　　1. 1949 年以前。三千多年前就出现了田地的交换和买卖。长达三千多年的封建历史时期，有了一定规模的土地和房屋的租赁、买卖等经济活动。19 世纪中叶起，沿海一带的上海、广州等城市近代房地产业产生并得到了迅速发展。但所有这些都是以土地和房产的私有制为基础的。

2. 1949～1955 年。新中国建国初期，首先实施了接收旧政府的房地产档案、确认产权归属、代管无主房屋、没收敌伪房地产、打击房地产投机和各种非法活动。其次，在全国各地先后建立了房地产管理机构，制定了有关政策规定，开展了大规模的房地产清查登记。第三，国家在极其紧张的财政经费中，拨出专款改造旧社会遗留下来的棚户区和贫民窟，建造新住宅，改善贫穷居民的居住生活条件。这一切，对于稳定民心、恢复经济起到了重要作用。

3. 1956～1965 年。国家以赎买的方式将私有企业占有的土地收归国有，使城市房屋和土地的所有制构成发生了根本性的变化，确立了社会主义公有制在城市房地产中的主体地位。

4. 1966～1978 年。"十年动乱"时期，城市房地产管理工作受到极大破坏。

5. 1978 年以后。随着经济体制改革的全面展开，在城市进行了城镇住房制度改革、城镇土地使用制度改革和房地产生产方式改革，新时期社会主义市场经济条件下的房地产业由此产生。1987 年 10 月 25 日，中国共产党第十三次全国代表大会《沿着有中国特色的社会主义道路前进》的报告明确提出了建立房地产市场，确立了房地产市场的地位，宣告了中国社会主义市场经济条件下房地产市场的诞生。

2003 年 8 月 12 日，国务院印发了《国务院关于促进房地产市场持续健康发展的通知》(国发〔2003〕18 号)，要求要充分认识房地产市场持续健康发展的重要意义，指出房地产业关联度高，带动力强，已经成为国民经济的支柱产业，实现房地产市场健康发展，对于全面建设小康社会，加快推进社会主义现代化具有十分重要的意义。

在充分认识房地产业对我国国民经济和社会发展重要作用的同时，也应该清醒地看到，从 2002 年 7 月 1 日开始实行土地招、拍、挂后，中国房地产市场逐渐形成了目前的高房价格局，出现了资产价格泡沫的累积。房价过快上涨和居民收入增长不足共同导致了过高的房价收入比，房价问题升级为民生问题，社会问题，甚至政治问题。因此，我国开始积极推行保障性住房制度。社会保障性住房包括各类安置房、经济适用房、廉租房以及一些具有保障性质的限价商品房和租赁房。从当前的实施情况看，住房保障制度在一定程度上发挥了保障中低收入家庭住房、调控房价的积极作用，而且也在很大程度上消除了住房市场发展的障碍，有效促进了住房市场以及住宅产业的发展。

保障性住房和商品房"双轨"运行决定了中国房地产业进入战略转折期。不可否认的是，房地产行业是中国经济的重要行业，是国民经济新的增长点；与此同时，房地产业民具有典型的民生性质，对于推动居民消费结构升级、改善民生也具有重要作用。

三、建筑业与房地产业的关系

建筑业和房地产业，都是我国国民经济的重要支柱产业。二者共同健康平稳发展，对拉动我国经济增长，促进相关产业发展，改善城市面貌和提高人民生活水平，都有着重大影响和积极意义。从国民经济行业分类来看，建筑业是物质生产部门，属于第二产业。而房地产业是建筑产品的流通环节，属于第三产业。尽管隶属于两个不同的行业，但建筑业和房地产业却有着唇齿相依一般的紧密关系，具体体现在以下方面：

1. 两者作用的对象都包含不动产（Immovable Property），即依自然性质或法律规定不可移动的土地、土地定着物、与土地尚未脱离的土地生成物、因自然或者人力添附于土地并且不能分离的其他物。通俗地说，不动产包括地产和房产。

2. 日常房地产开发建设过程中，房地产企业和建筑企业往往是甲方和乙方的密切合作关系。前者是房地产投资开发和建设的甲方，后者是实施建设过程的乙方。而在实践中，建筑业兼营房地产业或房地产业兼营建筑业的现象也相当常见。

3. 建筑业和房地产业共同完成房地产的生产、流通全过程，同时，两者的产值共同成为社会固定资产总额的主要构成部分。

4. 建筑业和房地产业存在互相促进、共同发展的互补功能。一般而言，建筑业和房地产业的景气和萧条是同步的，都与国民经济总体状况密切相关。

为了保持房地产市场的平稳较快发展，也是为了保持经济的可持续发展，我国政府从 2010 年起通过限购、央行加息、上调存款准备金率等手段对房地产市场进行调控。作为与房地产业最为邻近的相关产业，建筑业的发展必然会受到影响。短期来看，房地产调控必然导致建筑行业出现滑坡。但从长远来看，当下政府对房地产进行的相关调控更有利于建筑业的更快、更好发展。近年来，我国建筑业企业的改革和发展取得了令人瞩目的成就，但在管理体制和经营体制等方面，仍然难以满足市场经济体制和国际竞争的需要，主要表现在传统建筑企业水平低、大型企业不强、中小企业不专、效率低下等方面。

房地产业的调控打破了依靠虚高的房地产市场价格拉动建筑业高速发展的美梦，建筑业必须清醒地认识自己，才能更好地调整自身的发展方向，适应和带动我国经济的快速发展。在这种有利形势下，为进一步规范建筑市场秩序，促进建筑业实现又好又快发展，建筑业必须大力推广各种现代先进、适用的技术，大力提高建筑业的科技实力；努力提高和培养从业人员素质，采用现代化管理技术，调整优化建筑产业结构，适应建筑工业化生产要求；加快设计和引进先进建筑施工硬件设施，加速建筑企业机械设备的更新，逐步用先进机械取代性能差、能耗高、安全性能欠佳的老旧机械，保障施工安全和建筑安全；继续大力拓展建筑业的开发市场，在房地产外，寻找更多的发展机会，同时要瞄准外国市场，走出国门；不断改进建筑业与各种行业之间的关系，促进各行业间有序和谐发展。

第三节　建设工程管理

依据《国民经济行业分类》（GB/T 4754 — 2011），工程管理服务作为一个独立的行业分支存在于第三产业之中（这里主要是"建设工程管理"的涵义），与工程勘察设计、规划管理并列。

这里，工程管理服务指工程项目建设中的项目策划、投资与造价咨询、招标代理、工程监理、项目管理等服务。

包括：

✓　工程筹建机构；

✓　工程项目管理；

✓　工程招标及代理；

✓　工程造价咨询；

✓　工程技术咨询；

✓　工程预算、审计；

✓　工程监理；

✓　工程担保；

✓　工程质量监督、检查；

✓　工程及建筑物的质量评估；

✓　其他工程管理服务。

不包括：

×　工程行政监督；

×　市政建设监督；

×　城乡建设监督、查处。

（建设）工程管理服务可以为国民经济的诸多行业提供诸如厂房修建等基础服务，其中，与建筑业和房地产业的关系最为直接和密切（图3-2）。（建设）工程管理服务所提供的工程项目管理、工程招标、工程监理、预算审计、质量评估等服务工作质量的高低，直接关乎着建筑的进度、资金、质量、安全等目标能否顺利实现，也是建筑业和房地产业能否良性健康发展的重要保障。

必须说明的是，尽管建设工程管理的确是工程管理中举足轻重的组成部分，而本书重点针对建设工程管理，我们花了大量的时间和篇幅来讨论建设工程管理，后面的章节仍将如此，但是，这并不代表着，建设工程管理就是工程管理的全部。事实上，如前所述，工程包括土木工程、石油化工工程、航空航天工程和生物医药工程等若干领域，任何一个领域的工程活动要想取得成功，都离不开有效的管理。工程管理是特定产业环境中对特定形式的技术集成体的管理，所涉及的工程领域极为广泛，工程管理已经融汇到各行各业中。因此，工程管理的内涵和范畴是远远大于建设工程管理的。

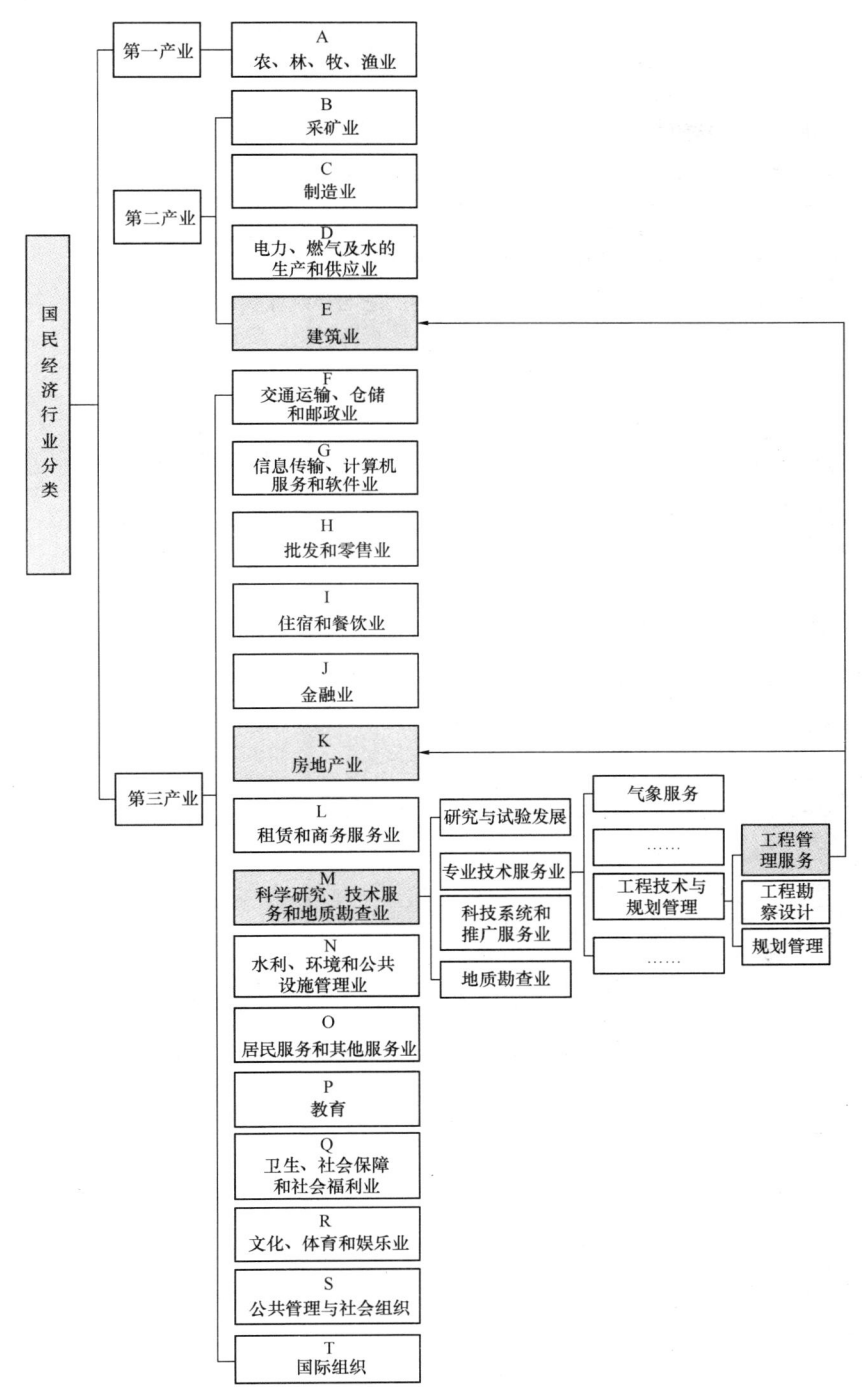

图 3-2 建设工程管理与建筑业、房地产业关系示意图

思 考 题

1. 什么是建筑业？什么是房地产业？

2. 我国建筑业的发展过程经历了哪些阶段？

3. 建筑业在国民经济中的地位和作用如何？

4. 你如何看待房地产业在国民经济中的地位和作用？

5. 什么是建设工程管理？它包含哪些内容？它与建筑业和房地产业是什么关系？

第四章　工程管理的支撑平台

工程管理的研究对象是基于工程技术的管理规律和工程技术活动的管理问题。在工程管理实际工作中，从业者将面临投资决策、规划设计、成本分析、工程结构、工程材料、施工组织、使用维护、风险管理、对外交流等涉及技术、管理、经济、法律、环境、信息、安全、语言等多领域的各种问题。在工程管理从业者的知识结构中，技术、管理、经济和法律的基础理论和技术方法的重要性尤为突出，技术、管理、经济和法律成为工程管理行业和学科的四个重要支撑平台。

第一节　技　术　平　台

科学是关于自然、社会和思维的知识体系，是社会实践经验的总结并在社会实践中得到检验和发展。技术是根据生产实践经验和自然科学原理而发展成的各种生产工艺、作业方法、操作技能、设备装置的总和。当今社会，科学技术对社会经济发展有着巨大的、深刻的、全面的影响。近半个世纪以来，随着科学技术突飞猛进的发展和科技成果的广泛应用，不仅社会生产力以前所未有的速度发展，而且科学技术已渗透到包括建筑工程领域在内的社会生活的各个领域。"技术"在工程管理中占有十分重要的地位，是区别工程管理与其他管理类学科的突出标志。

建筑是建筑物和构筑物的通称。具体说，供人们进行生产、生活或其他活动的房屋或场所称为建筑物，如住宅、医院、学校、商店等；人们不能直接在其内进行生产、生活的建筑称为构筑物，如水塔、烟囱、桥梁、堤坝、纪念碑等。建筑从根本上看是由三个基本要素构成，即建筑功能、建筑物质技术条件和建筑形象，简称"建筑三要素"。与大多数形式和功能较为单一的产品不同，建筑要表现空间形式，同时它又被感受为一种总体环境。建筑产品往往既是综合的，又是具体的；它既有固定的形体，又具有无形的综合影响力。

一、工程基本结构

建筑物存在的基本条件是能够承受作用其上的各种荷载而不破坏或影响正常使用。例如房屋除了抵抗自重作用外，还要抵抗设备、人群荷载，风、雪荷载和地震作用。工程结构必须满足外部荷载的需要，它通过不同的应力状态或变形行为承受外部作用，将其所承受的荷载传至其支承结构，再传至基础，通过基础传至地基（图 4-1）。

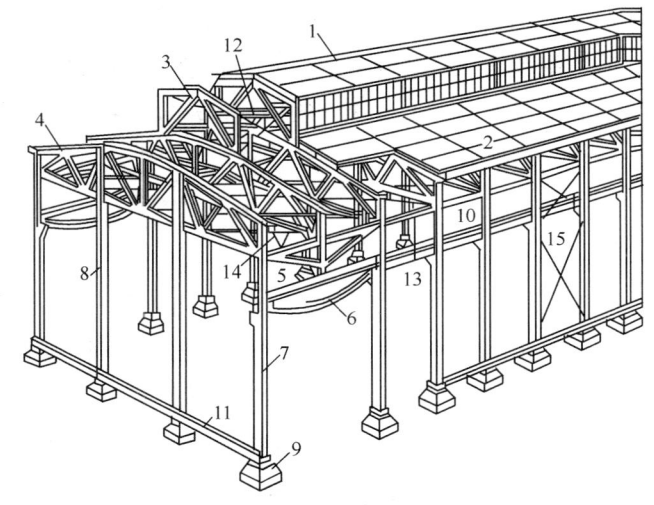

图 4-1   某单层厂房结构体系

1—屋面板；2—天沟板；3—天窗架；4—屋架；5—托架；6—吊车梁；7—排架柱；8—抗风柱；9—基础；10—连系梁；11—基础梁；12—天窗架垂直支撑；13—屋架下弦水平支撑；14—屋架端部垂直支撑；15—柱间支撑

工程结构分析的基本原理可以概括为分解、简化、组合三个过程。通过分解，工程结构体系都可以转化为板、梁、柱、拱等简单的基本结构体系，把三维的结构构件尽量转化为二维、一维或者更为简单的受力形式以便加以组合，形成完整的可知的体系。

合理的运用技术方法，可以使工程在结构上不断优化，从而使工程整体达到理想的效果。当今世界出现了大量结构与建筑美观相结合的优秀建筑，"力"与"美"的结合在这些建筑中得以良好的体现。

赵州桥（图 4-2）原名安济桥，俗称大石桥，位于河北省石家庄市东南约 40 多千米的赵县境内。赵州桥建于隋炀帝大业年间（595～605 年），至今已有 1400 多年的历史，是中国现存最著名的一座古代石拱桥。

赵州桥是一座弧形单孔石拱桥，全长 64.4m，单孔跨度为 37m 多，桥面宽约 10m，用厚约 30 厘米的条石铺成，在桥两端的石拱上，各辟 2 个券洞。这种桥梁的结构形式叫"敞肩拱"，既有利于减轻桥自身的重量，又有利于排泄洪水，是中国乃至世界土木工程桥梁史上的范例。

图 4-2　赵州桥　　　　　　　　图 4-3　路德维格·鄂哈德大厦

路德维格·鄂哈德大厦（Ludwig Erhard Haus）（图 4-3）是德国商会所在地，由建筑师尼古拉斯·格林肖（Nicholas Grimshaw）设计。1994 年，这座建筑获得了德国建筑大奖。

该建筑采用了极为大胆的整体巨型结构：以 15 道巨型双铰拱架作为支撑，一层以上的 9 层办公室的楼板都通过钢柱悬挂在拱架上。这样，一层平面的中间完全没有支撑柱，形成一个大空间，作交易大厅使用。巨大拱架的两端支点都是铰接，拱架向外侧推力由各层楼板向中间的拉力相抵消，这样各层楼板向外的拉力可以抵消一部分楼板荷载造成的水平向内拉力，减少了楼板梁的尺寸。拱顶悬挂下的钢柱承受的是拉力，充分发挥了钢材抗拉能力强的特点。该建筑使用了很夸张的结构，但该结构在各方面都极为合理，发挥了钢材的特点。

该建筑的两处结点独具匠心，颇为新颖。一是拱架上悬挂的钢管连接各层楼板处的连接点。在东西两面山墙处，两侧山墙的围护幕墙后退，将悬挂的钢管和与楼板的连接点暴露出来，成为一个形式元素。这个连接点做了扩大处理，显得十分有力量（图 4-4）。另一处是拱架的底座（图 4-5），这是一处铰支座，形式上建筑师也作了收束的处理，表现了铰接点断面尺寸缩小的特点。

图 4-4 大厦内景图

图 4-5 大厦巨大拱架支点

广州新电视塔（图 4-6）作为广州的标志性工程，新电视塔于 2005 年开工建造，于 2008 年完成主体结构施工，2009 年进入装修，2010 年 9 月 29

图 4-6 广州新电视塔

日正式对外开放。广州电视塔塔身主体 450m（塔顶观光平台最高处 454m），天线桅杆 150m，总高度 600m。外部钢结构体系由 24 根立柱、斜撑和圆环交叉构成，全部采用高强钢，钢结构总重量达到 5.5 万 t，是目前世界上难度最大的钢结构工程。如何在高空中精确控制焊接点，高塔的防风抗震和塔身的清洗维护等问题都是电视塔设计、建设和维护面临的挑战。

二、工程材料

工程材料是指构成建筑物本身所使用以及建筑施工过程中所消耗的材料，如钢筋、混凝土、水泥、砂石、原木、板材、砖砌块、五金配件、防水材料和玻璃以及脚手架、模板、板桩等。材料是工程的物质基础，材料的性能、质量和价格，直接关系到建筑产品的适用、安全、经济和美观。在建筑工程造价中，材料费用所占的比例一般都在 60% 左右或更高。因此，经济合理地选择建筑材料，有效减少施工过程中的材料浪费和损失，对于节约自然资源、降低工程造价、提高经济效益具有十分重要的作用和意义。

每一种新型的高效能材料的出现和使用，都会推动建筑物在结构设计、施工生产和使用功能方面的进步和发展。水泥、钢材的大量应用和性能的改善，取代了砖、木、石材，使钢筋混凝土结构占据建筑工程结构材料的主导地位。现代高层建筑和大跨度结构对材料比重和强度提出了更高的要求，推动新材料、新工艺、新技术的研发和推广不断深入。现代陶瓷、玻璃、不锈钢、铝合金、塑料、涂料等装饰材料的大量应用，显著改变了建筑物的外部形态和内部装饰，将使建筑物更加方便耐用、亮丽多彩。

广州新白云机场　主航站的楼屋面采用箱形组合压型钢板，具有轻型美观、经济实用等优越性。与其他屋面结构体系相比，组合压型钢板屋面的受力简单直接，结构大为简化，有利于增加机场的净空间，减少施工工作量，提高了经济效益。而且这种屋面整体统一，空间宽大且整洁美观，

图 4-7　广州新白云机场内景

整齐排列的压型钢板在屋顶产生明暗相间的条纹而富有节奏感，并赋予建筑内部以空间美感（图 4-7）。

三、工程施工

我国是一个在建筑施工技术方面历史悠久且拥有巨大成就的国家。从以木构架结构为主，使用柱、额、梁、枋、拱等构件，采用镏金、玻璃装饰手法修建宫殿庙堂，到土、石、砖、瓦、石灰、钢铁、矿物颜料和油漆相关技术及材料的大规模运用，再到用夯土墙内加竹筋的办法建造三、四层楼房都表明我国建筑施工技术不断进步并始终保持了较高的技术水平。

改革开放以来，随着我国建筑市场的蓬勃发展，大型、特大型和高难度建筑物不断涌现，我国在工程施工技术方面也取得了可喜的进步。在较好掌握了大型工业设施施工和高层民用建筑施工的成套技术基础上，在软土地基处理技术、深基坑支护技术、预应力技术、特种结构施工技术和施工管理的

计算机应用等方面取得了很大的进展。

图 4-8   深圳国贸大厦

深圳国贸大厦（国际贸易中心大厦）（图 4-8）由中建三局一公司负责施工。大厦高 160m，共 53 层，总建筑面积 10 万 m²。国贸大厦的主体工程采用混凝土泵送技术和首创的内外筒整体同步滑模新工艺。从 1982 年 10 月动工，到 1985 年 12 月 29 日竣工，历时仅 37 个月。

按当时建筑行业水平，主体工程的施工速度，深圳一般是 6 至 8 天一层楼，香港是 7 至 9 天。深圳国贸大厦以三天一层楼的速度建成，这在当时是绝无仅有，创造了建筑史上的新纪录。从此，"三天一层楼"成为享誉中外的"深圳速度"的象征，被常用来形容速度特别快，效率非常高。1992 年 1 月在深圳视察的邓小平同志曾亲临国贸大厦 53 层俯瞰深圳全景，并发表了著名的南方谈话（图 4-9），掀起了中国改革的第二次浪潮。

图 4-9   邓小平在国贸旋转餐厅

四、建筑技术发展的新趋势

（一）高楼竞赛此起彼伏

　　高层建筑是近代经济发展和科学技术进步的产物，是现代工业化、商业化和城市化的必然结果。城市人口高度密集，土地寸土寸金，商业竞争激烈，资源、经济、人口诸多方面的压力迫使建筑物向空间发展，以获取尽可能多的使用面积和投资效益。社会、经济和科学技术的高速发展为超高层建筑的修建提供了经济和技术的支持。近几十年来，从台北 101 大楼，到迪拜塔，各式各样的高楼在世界各地拔地而起，其规模之大、数量之多、技术之先进、造型之别致，令人叹为观止（图 4-10）。

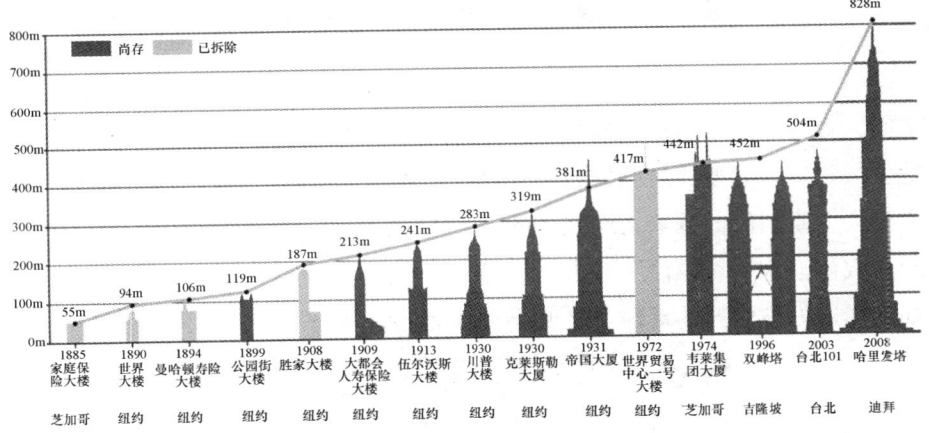

图 4-10　世界最高建筑高度纪录变化轨迹

（来源：《中国摩天大楼建设与发展研究报告》，中国建筑工业出版社，2013）

　　"世界第一高楼"这场暗战至今不休，建筑高度的世界纪录还在不断被刷新。然而，超高层建筑在建筑技术（如泵送混凝土）、投资风险、后期使用（如外墙清洁、电梯维护、车辆停放等）、消防安全和应对雷电及恐怖袭击等方面可能存在的缺陷和隐患，应当引起人们的思考和重视。

　　（二）结构异型化

　　位于北京中央商务区核心地带的中央电视台新楼（图 4-11），总占地面积约 18.7hm^2，总建筑面积约 55 万 m^2，最高建筑高约 230m，工程总投资约 50 亿元人民币。这个类似巨型城市雕塑的设计一出台，就以其新颖、前卫的造型设计吸引了众多关注。

　　以"鸟巢"、中央电视台新楼、国家大剧院为代表的大型异型结构建筑物的出现极大改变了工程师的传统观念。异型建筑因其外观独特、跨度宽、

图 4-11   中央电视台新楼

空间大等特点而越来越受到欢迎，特别是音乐厅、博物馆、展览馆、体育馆等公共建筑，异型建筑的构造形式已成为较为常见的选择。位于天安门广场人民大会堂西侧的国家大剧院（图 4-12），是国家艺术表演最具影响力的平台和载体。这个"漂浮"在水里、最大跨度达 212m 的银白椭球壳体建筑宛如在赤道处被切开的地球，又似浮在水面上闪亮的"鸡蛋"。

图 4-12   国家大剧院

（三）绿色节能建筑

世界上不同国家和地区由于其地理、气候、经济、文化和习俗等方面的情况各异，对"绿色建筑"的概念、定义及称谓有较大差异。国内对于绿色建筑的评价标准也不尽相同。我国建设部和科技部联合发布的《绿色建筑技术导则》，对绿色建筑的定义为：建筑的全寿命周期内，最大限度地节约资源（节能、节地、节水、节材）、保护环境和减少污染，能为人们提供健康、适用和高效的使用空间，与自然和谐共生的建筑。随着建设部《绿色建造导则》和《绿色建筑技术评价标准》等相关文件的出台和在全国范围内组织开展"绿色建筑"创新评奖活动，绿色节能建筑的理念、结构、材料和施工技术必将得到更多的重视。建筑应该以节能、环保的方式满足居住者的健康、适用的要求，这正是人类应该而且必须遵循的可持续发展之路。

图 4-13 英国 Integer 绿色住宅

第二节 管 理 平 台

任何工程都是在一定的管理环境下完成的，即使具备了先进的工程技术、敏锐的经济头脑和清醒的法律意识，如果缺乏精良的管理，工程实施的全过程不能得到有效的计划、协调、控制和监督，则难以达到预期目标，甚至可能遭受不必要的损失。

一个工程项目从形成概念、立项申请、可行性研究、评估决策、市场定位，到勘察设计、招标投标、开工准备、材料设备的选型与采购，经施工实施再到最后的竣工验收、使用维护，这其中的任何一个环节，都直接影响到工程项目的成败。现代工程管理强调，对工程的管理必须贯穿以上所有环节的全过程。

尽管每个工程项目的目的、任务和实施方式不尽相同，或是建造一幢楼房，或是修筑一条道路，或是开挖一条隧道等等，但以下目标几乎是所有工程项目的共同追求：有效利用有限资金，按期完成施工，工程质量达标，工程项目顺利交付使用，各方利益相关者取得预想的经济效益和社会效果。所以，工期进度、质量标准、投资额度是工程项目的主要约束条件，与之相应的计划、协调、组织、控制、监督成为工程管理的基本职能。

一、计划职能

所谓工程项目计划，即筹划安排工程项目的预期目标，对工程项目的全过程、全部目标和全部活动进行周密安排，用一个动态的可分解的计划系统来协调控制整个工程实施过程。工程项目计划包括收集、整理和分析所掌握的各种信息资料，为投资者判断工程项目是否有必要进行，应该如何进行，实施项目可能实现的经济、社会效益等一系列问题提供依据。计划是工程顺利进行的有力保证和行动依据，是工程实施的指导性文件。制订计划可以明确、分解和细化工程的总目标，通过计划落实贯彻工程的各项要求，依据计划检验调整工程实施的效果。

实践中，我们通常以编制总指导性控制计划为基础，再制定工程项目前期工作计划、设计工作安排计划、招标计划、施工作业计划、机电设备及主要材料采购供应计划、建设资金使用计划、竣工验收安排计划等分阶段工作计划。

三峡水利工程（图 4-14）由世界规模最大的拦河大坝和水力发电厂房、通航建筑物、大规模的远距离输变电系统和世界最大规模的动迁移民工程所组成，是一项"功在当代，利及千秋"的跨世纪宏伟工程。三峡工程的首要功能是防洪，通过修建拦河大坝滞蓄洪水，使荆江大堤的防洪能力由十年一遇提高到百年一遇。三峡工程的另一重要功能是发电，三峡水库正常蓄水后将形成 115m 高的水头，总装机容量将达 1820 万 kW，年发电量达 847 亿 kW·h，将为华东、华中、华南等广大地区提供强大的电力。三峡工程的第三个重要功能是改善长江的通航条件。由于三峡水库的形成将改善峡谷河段的航道，万吨级船队就有半年时间可以直达重庆，年通航能力可从现在的1000 万 t 提高到 5000 万 t，并降低航运成本 30%～37%。三峡工程的兴建还将有效地改善大气环境质量。三峡电站每年的发电量，相当于 4000 万 t 标准煤炭的能源量，利用水能发电减少这部分矿物燃料燃烧所排放的废气，每年可少排放二氧化碳 1 亿 t，二氧化硫 200 万 t、一氧化碳 1 万 t，对减少污染、改善环境极为有利。

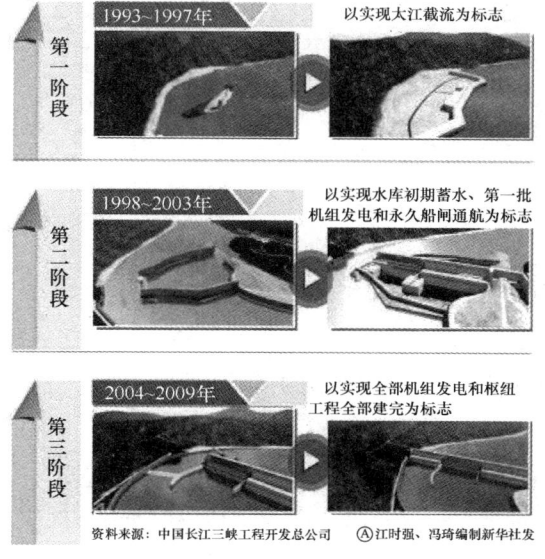

图 4-14 三峡水利工程建设过程示意图

早在 1919 年，孙中山先生在《建国方略之二——实业计划》中谈及长江河道改造时指出："改良此上游一段，当以水闸堰其水，使舟得溯流以行，而又可资其水力"，最早提出建设三峡工程的设想。经过漫长的酝酿、研究、讨论、勘查和分析，1994 年 12 月 14 日国务院决定三峡工程正式开工。自这天起，波澜壮阔的三峡水利工程建设进入了全面实施阶段。

三峡工程进度计划分为三个阶段：

第一阶段（1993～1997 年）为施工准备及一期工程，施工需 5 年，以实现大江截流为标志；第二阶段（1998～2003 年）为二期工程，施工需 6 年，以实现水库初期蓄水、第一批机组发电和永久船闸通航为标志；第三阶段（2004～2009 年）为三期工程，施工需 6 年，以实现全部机组发电和枢组工程全部完建为标志。

三峡工程的每一施工阶段都有十分明确和详细的进度计划。第一阶段 1997 年 5 月导流明渠进水，1997 年 10 月导流明渠通航，1997 年 11 月实现大江截流，1997 年年底基本建成临时船闸。第二阶段 1998 年 5 月临时船闸通航，1998 年 6 月形成二期围堰开始抽水，1998 年 9 月形成二期基坑，

1999年2月左岸电站厂房及大坝基础开挖结束并全面开始混凝土浇筑，1999年9月永久船闸完成闸室段开挖并全面进入混凝土浇筑阶段，2002年5月二期上游基坑进水，2002年6月永久船闸完建开始调试，2002年9月二期下游基坑进水，2002年11～12月三期截流，2003年6月大坝下闸水库开始蓄水及永久船闸通航，2003年4季度第一批机组发电。第三阶段2009年年底全部机组发电和三峡枢纽工程全部完成建设。

二、协调职能

在工程建设的全过程中，尽管工程的总体目标、任务和要求是明确及一致的，工程计划对实施过程有较强的指导和约束作用，但在工程实施的不同阶段、不同环节和担负不同职责的不同部门、不同机构之间仍然需要有效的沟通和协调。而这其中，人与人之间的协调又最为重要。有效的协调能够实现不同阶段、不同环节、不同部门、不同机构之间的目标一致、步调一致，兼顾客观存在一定矛盾冲突的工期、质量和造价之间的关系以及时间、空间和资源利用之间的关系，确保工程计划的严格执行和工程目标的顺利实现。

【工程施工中各专业协调问题的实例】

某公司承建某住宅楼的土建工程，水电安装工程由另一水电安装队施工。由于缺乏必要的沟通和协调，水电安装队在埋设电灯开关时没有注意到门的开启方向，结果待门安装好后，发现开关的位置正好在门的后边，电灯开关使用起来十分不便。由于门的开启方向不能随便更改，水电安装队只好把粉刷好的墙面凿开，重新埋管线另设电灯开关。

某甲方人员按电梯生产厂家提供的电梯尺寸，请设计院设计电梯井施工图。设计人员未能向有关方面详细了解情况和认真研究技术资料，草率地按所提供的尺寸进行设计。施工人员按此设计完成了电梯井的施工。待电梯运到现场后发现，电梯轿厢尺寸与电梯井的尺寸不相吻合，无法安装。为查明出现误差的原因，各方共同翻阅图纸核对才发现各方对电梯轿厢尺寸、电梯井设计尺寸和实际施工尺寸缺乏应有的沟通、协调和认同。但此时电梯井的尺寸已无法更改，只能改变电梯轿厢的尺寸。

在工程施工过程中，上述案例及类似问题并不少见。由于水电、通信、

燃气、消防等设备安装常由相应的专业施工队完成，房屋主体结构主要由土建施工队完成，不同施工项目和施工队伍间尽管有施工计划和方案明确其职责，但计划、方案很难把所有问题列举穷尽，且尚有一些实际条件的改变将限制原有计划、方案的有效实施。因此，工程管理者需要依据拟定的计划、方案，结合客观条件的变化，及时作好沟通、衔接和协调工作，确保各施工环节的顺利完成。

另一方面，一些建筑物就其外部形态、使用功能、结构型式、经济性和安全性等某一方面的质量和性能而言，不论设计、材料、施工都能得到很好的控制和保证，但多个方面的交叉叠加，往往会出现相互冲突，顾此失彼的现象，到了工程施工的后期，发现问题不得不返工，不仅造成工程投资的极大消费，影响工期，有的还会影响到建筑物的使用功能，严重的甚至还会带来质量问题和安全隐患，做好协调工作能够有效避免此类现象的发生。

三、组织职能

为确保工程建设的顺利实施，需要在明确部门职责、职权的基础上，建立行之有效的规章制度，使工程项目的各阶段、各环节、各层次职能到位、责任到人，从而形成一个高效的组织保证体系。同时，为了充分调动各管理层及一线员工的工作积极性和创造性，应该制定约束、激励机制及相应的奖惩办法。

工程项目的复杂性不仅在于其本身具有复杂的过程，更在于其所处环境的复杂性和不确定性。通常工程管理的范围要比工程项目本身更为宽广、更为复杂，突出表现在工程管理除需要处理诸多工程技术问题之外，还将直接涉及业主、政府部门、勘察设计单位、金融部门、施工承建单位、材料供应单位、监理单位和使用者等各个部门、单位及利益群体（图 4-15）。

（一）项目业主

工程项目业主是工程项目的发起者和出资者。业主从投资的角度出发，根据建设意图和建设环境，需要自行或委托他人对项目的实施全过程进行有效的管理，业主应当为工程的实施提供必要的资金、场地等条件。

（二）政府及主管部门

政府及其相关的主管部门对工程项目主要是进行指令性的监督和管理，它们是工程相关法规的制定者。政府部门对项目立项、建设用地、规划、设

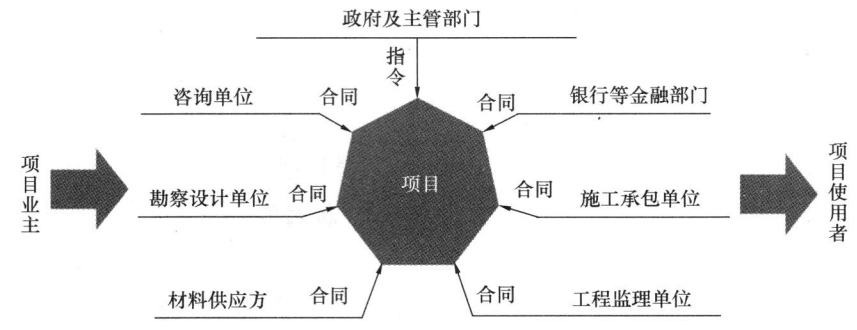

图 4-15   参与工程的主要单位和部门

计方案等进行审查批准，办理项目立项批文、建设用地规划许可证、建设工程规划许可证、建筑工程施工许可证等。另外政府下设的一系列监督机构受政府委托，负责对工程项目中有关的质量、安全等方面进行监督检查。

（三）研究咨询单位

随着科学技术的迅猛发展，在工程项目的实施过程中，不断运用新结构、新工艺、新技术、新材料、新设备以及新的管理手段和管理理念等，这些离不开研究咨询单位的技术支持。研究咨询单位是工程项目的知识后盾和人才基地。

（四）金融机构

工程项目建设过程的资金需求量大，时效性强，需要通过金融机构的介入，以获取充足的固定资产投资资金和流动资金。对于建筑企业和项目业主来说，有效利用金融机构融资，保证项目资金链的稳固和连续，对于扩大生产规模、抢占有利市场时机、降低经营风险、提高企业效益是十分重要的。

（五）勘察设计单位

勘察设计联系着项目决策和项目建设施工两个阶段。勘察设计先于施工开始，其设计文件是项目施工的依据。同时，勘察设计又渗透于施工阶段，及时处理施工过程中出现的设计变更和技术变更。

（六）施工单位

施工单位是将工程项目由构想和蓝图变为具体的建筑产品的组织。作为工程的承建方，施工单位负责工程施工及管理工作，是工程的主要实施者和管理者。

（七）材料设备供应单位

材料设备供应单位包括建筑材料、构配件、工具与设备的生产厂家和供应商，他们为工程项目提供必要的生产要素。材料设备供应在产品质量、价格变动、服务质量等方面的能力和水平，对工程最终目标的实现将产生一定的影响。

（八）工程监理单位

监理单位受业主委托，依据国家法律法规、行业规范、建筑标准、合法的设计文件以及合同条款，对工程实施的全过程予以监督。

（九）项目使用者

项目使用者是项目的接受者和直接受益者。使用者对项目的最终评价即客户满意度是衡量项目完成情况的一个重要指标。

一个工程项目需要上述部门、单位和利益群体共同参与才能顺利完成。激励、引导和协调这些部门、单位和利益群体积极参与项目建设并严格遵循共同认可的规则，必须有高效的组织形式和强有力的约束条件。严谨的组织形式、严格的经济合同和工作责任制能够明确各方参与者的责、权、利及彼此的经济关系，将存在一定利益冲突的各方和谐地联系在一起。工程实施过程中，技术、管理和工程目标之间的内在联系可简示为图 4-16。

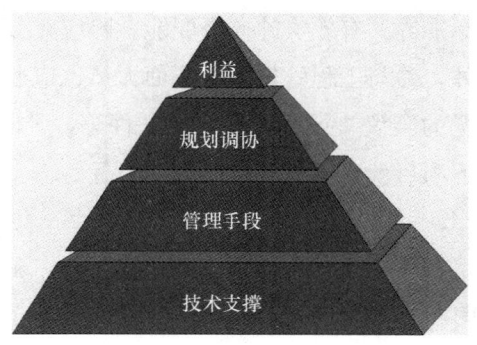

图 4-16　技术、管理和工程目标之间的内在联系

可以看出，工程项目的实施首先是在技术条件下形成实体成果的过程。在实施过程中为保障项目的顺利完成需要运用管理手段加以规范和控制，努力协调项目内部各方之间及项目与外界环境的关系。而项目的实施在深层次本质上，是项目各参与者之间、项目参与者与社会之间通过有组织的行为，

在均衡各方利益的前提下寻求共赢。

四、控制职能

控制职能主要体现为工程目标的提出和检查，合同的签订和执行，招投标管理，工程技术管理，成本管理，各种指标、定额、标准、规程、规范的贯彻执行以及实施中的反馈和改进。合同的有关条款是工程建设过程对参与各方进行控制和约束的重要手段，同时也是保障合同各方权益的依据。工程技术管理是工程项目能否全面实现各项目标的关键。工程技术管理不仅需要完成委托设计、审查施工图纸等工程准备阶段和审定技术方案、规范工艺标准等工程实施阶段的许多重要工作，还要进行技术开发，以及新技术、新材料、新工艺的推广使用及技术培训。质量管理包括对设计单位、监理单位、施工单位和机电设备等材料供应商的资质审查，施工过程中对施工方法、材料、工艺标准、操作规程的质量检查，进行分项工程、分部工程和总体工程质量等级评定等工作，及时发现质量问题并采取整改措施。

五、监督职能

监督的主要依据是工程项目的合同、计划、规章制度、规范、规程和各种质量标准、工作标准等。有效实施监督职能，除应充分发挥监理机构和专职从业人员的作用外，参与工程管理的各层面人员也应通过日常的巡视、检查以及反映工程情况的会议、报表、报告、文件等，及时分析和发现问题，堵塞漏洞，确保工程项目健康运行并达到预期目标。

2003 年 7 月，上海市轨道交通 4 号线工程发生一起重大工程责任事故（图 4-17），直接经济损失 1.5 亿元左右。事故发生前，施工单位——某工程有限公司上海分公司项目部对原定的施工方案擅自进行了调整。事故调查专家组的分析认定，施工方案调整没有严格遵循冻结法施工工艺的有关规定，导致旁通道冻土结构在施工中出现薄弱环节。与此同时，工程总承包方本应尽责的现场管理之松懈让人感到痛惜。6 月 28 日，隧道内向下行线冻结管供冷的一台小型制冷机发生故障，停止供冷长达 7.5 小时，但从这天到 6 月30 日的施工日记中，不仅没有任何险情征兆的反映，还堂而皇之地记载"一切正常"。负有重要管理职责的工程监理更是流于形式。旁通道施工期间，肩负工程质量安全监督重任的上海某监理公司现场监理部，没有安排熟悉冻结法施工技术的监理人员到场实施现场监理。发生事故时，监理人员也根本不在现场。

这起事故的相关责任人已受到司法机关追究。其中 3 人因涉嫌"重大责任事故罪"被正式批准逮捕，另有一些单位负责人受到撤职和行政记过处分。

图 4-17　上海轨道交通 4 号线事故现场

重庆市綦江彩虹桥位于綦江县城中心綦河上，西岸连接老城区川黔公路及滨江路，东岸连接城东开发区滨河路。该桥是一座大型人行天桥，桥长140m，主跨 120m，桥宽 6m，梯道长 40m。结构为中承式钢管混凝土提篮式肋拱桥，造型新颖。就同类构造而言，以其 120m 跨度用作人行桥的设计与施工，在当时国内还是首例。

綦江彩虹桥于 1994 年 11 月动工，1996 年 2 月 15 日投入使用。1999 年1 月 4 日 18 时 50 分，30 余名群众正行走于桥上，另有 22 名驻綦武警战士进行傍晚训练，由西向东列队跑步至桥上三分之二处时，整座大桥突然垮塌，桥上群众和武警战士坠入綦河中，耗资 418 万元建成的綦江彩虹桥瞬间消逝（图 4-18）。经奋力抢救，14 人生还，40 人遇难身亡（其中 18 名武警战士，22 名群众），直接经济损失约 621 万元。

事故调查专家组做出的事故技术鉴定表明，事故发生的直接原因是工程施工存在十分严重的危及结构安全的质量问题（图 4-19），工程设计也存在一定程度的质量问题。主要有：

①吊索锚方法错误，不能保证钢绞线有效锁定及均匀受力，导致吊索

锚固失效；

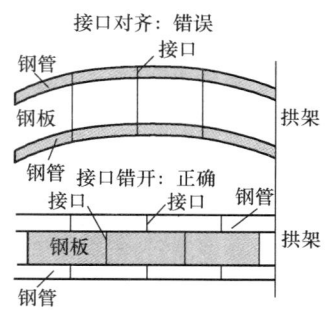

图 4-18　重庆市綦江彩虹桥垮塌事故现场　　图 4-19　施工质量问题

②主拱钢管的对焊接头质量低劣。焊缝普遍存在裂纹、未焊透、未融合、气孔、夹渣及陈旧性裂纹等严重缺陷，质量达不到施工及验收规范二级焊缝检验标准；

③主拱钢管内混凝土强度达不到设计要求，局部有漏灌及空洞，在主拱肋板处甚至出现1米多长的空洞。吊索的锚定及灌浆防护等均存在严重质量问题；

④设计粗糙，更改随意，构造有不当之处。对主拱钢管结构的材质、焊接质量、接头位置及锁锚质量均无明确要求，在成桥增设花台等荷载后，主拱承载力不能满足相应规范要求。

由于以上技术原因，该桥建成时即已是一座危桥，使用过程中吊杆锚固又加速失效，使该桥受力情况急剧恶化，更加接近垮塌的边缘。

根据调查组调查取证、综合分析认定，事故间接原因是严重违反我国的基本建设程序，未执行国家建筑市场相关管理规定，工程管理工作混乱。

①彩虹桥的建设过程严重违反基本建设程序，包括未办理立项及计划审批手续，规划及国土手续、建筑施工许可手续，未进行设计审查、施工招标投标和工程竣工验收。

②设计、施工主体资格不合法。彩虹桥由原重庆某设计研究院退休职工赵某邀集人员私自设计，借用该设计研究院的图签非法出图（设计院未加盖设计资格专用章）。项目承建方重庆某工程总公司川东南公司无独立承包工

程资格，更无市政工程施工资质，擅自承接工程。更为恶劣的是，该工程总公司川东南公司还同意该公司下岗人员费某挂靠承包，组织施工。

③监督管理混乱。在彩虹桥的决策和建造过程中，个别县领导行政干涉过多，擅自决断，缺乏约束监督；在项目发包方面，未按照国家有关规定进行招标投标，而全凭私人关系发包；在施工管理方面，施工现场管理混乱，设计变更随意且手续不全，关键工序及重要部位的施工质量无人把关，材料及构配件进场管理失控，加工单位对主拱钢管焊接质量未经检测合格就交付使用，工程档案资料无专人管理，内容严重缺乏，各种施工记录签字手续不全，竣工图编制不符合有关规定。投入使用后未对大桥进行认真监测和维护，特别是在使用过程中发生异常情况时，未采取有效措施消除质量隐患。

此外，质监部门未严格审查项目建设条件，就受理质监委托。虽制定了监督大纲，委派了监督员，但未认真履行职责，对项目未经验收就交付使用未有效制止，对已经发现的质量问题未要求责任方进行整改。

彩虹桥垮塌事故的涉案人员均已受到了应有的惩罚。2000 年 12 月 18 日，在重庆市綦江县彩虹桥旧址旁，名为"新虹桥"的人行桥正式竣工投入使用。虽然垮塌的旧桥已彻底告别了人们的视线，然而对于工程管理者而言，彩虹桥垮塌事故让我们更清楚地意识到了自己肩负的责任和使命，留给我们无限的沉思和警示。

第三节　经　济　平　台

良好的经济效益和社会效益是实施所有工程项目的根本目的。而工程项目良好经济性能指标的实现，需在质量满足要求的前提下，从投资最省的角度出发，寻求适宜的建设工期，以达到投资、进度、质量的优化组合。作为工程项目重要指标之一的经济性，在工程项目实施中具有举足轻重的作用，是我们评价工程项目优劣的一个重要标准。

一、工程项目的性价比

工程项目的经济性可以用净现值、内部收益率和投资回收期等技术经济指标予以预测、比较和综合分析。

净现值法这种方法使用净现值作为评价方案优劣的指标。所谓净现值（Net Present Value，NPV），是指在项目计算期内，按行业基准折现率或其他设定折现率计算的各年净现金流量现值的代数和。在进行工程项目的投资决策分析时，应当选择净现值大的项目。内部收益率（Internal Rate of Return，IRR）是指项目投资实际可望达到的报酬率，即能使投资项目的净现值等于零时的折现率。在进行工程项目的投资决策分析时，应当选择内部收益率大的项目。投资回收期（Repayment Period of Investment）是指以投资项目运营净现金流量抵偿原始总投资所需要的全部时间。它代表收回投资所需要的年限。回收年限越短，方案越有利。回收期法通俗易懂，大致能反映出项目投资的回收速度，而且计算简便，多用于周期较短的项目评估。

国家体育场"鸟巢"工程（图4-20）可作为工程投资控制方面较为典型的事例。"鸟巢"由一系列辐射式门式钢桁架围绕碗状坐席区旋转而成，结构科学简洁，设计新颖独特，为国际上极富特色的巨型建筑。"鸟巢"方案由瑞士设计师赫尔佐格等人和中国建筑设计研究院合作完成，由于"设计新颖"等诸多优点，该方案于2003年在13个参选设计方案中脱颖而出，最终中标，最初"鸟巢"预算造价超过35亿元人民币。然而，在工程开工后发现，实际造价可能超过预算很多并且存在安全隐患，这引起了国内很多专家和官员对鸟巢开始重新审视。

图4-20   国家体育场"鸟巢"工程

随着整个奥运项目"瘦身"计划的实施，"鸟巢"成了奥运场馆的第一个"瘦身"对象（图 4-21）。"鸟巢"暂停施工以调整设计和施工方案，其主要是基于对投资规模和安全性两点的考虑。一个运动场馆投资规模过大是否必要？过高的造价能否承受？其工程的"性价比"是否合理？出于安全方面的原因，其总体结构也有必要做出调整。相关部门着手实施一项名为"奥运场馆结构造型及优化设计关键技术"的课题，将"鸟巢"结构自重降至 5.3 万吨左右，减重 8.3 万吨，降幅达 60%。修改设计和施工方案后，"鸟巢"在保持原有外形和基本使用功能的前提下，其工程成本大幅降低，安全性明显提高。可见，工程项目的决策和实施阶段，对投资的把握和控制是十分重要的。"鸟巢"项目如果决策阶段对投资规模和成本分析有更准确地把握，则可能避免出现施工过程中暂停施工，变更设计的现象，减少不必要的损失。

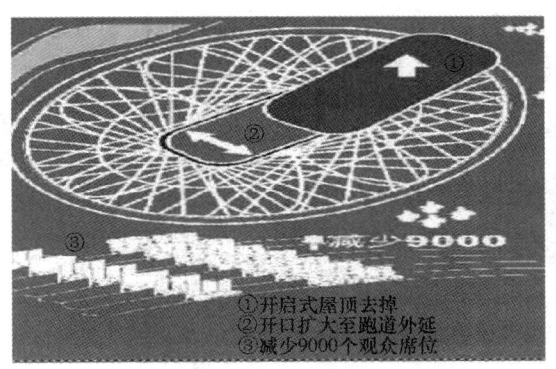

图 4-21　"鸟巢"瘦身图

二、工程项目全寿命周期的经济性

工程成本是围绕工程而发生的资源耗费的货币体现，包括了工程生命周期各阶段的资源耗费。对于一个工程项目来说，成本既是重要的最终目标，也是整个过程重要的控制要素。成本控制涉及到项目过程的各个阶段，受到诸如劳动生产率高低、原材料消耗程度、机械设备利用程度、施工组织和管理水平等很多方面的影响。"适用、经济、美观"也是我国对非生产性建筑设计的指导方针，是评价一个建筑的根本尺度。对于我们的建筑项目来讲，所需资源是有限的，如何在现有资源的约束下较好地完成项目是我们必须面对的问题。

任何一种产品都有其寿命期，工程项目建成之后到报废或拆除前，这一段时间称为项目的使用寿命。通常情况下项目的使用寿命可以分为技术寿命和经济寿命。所谓产品的技术寿命是指产品由于技术方面的原因而报废时的使用年限，主要表现为结构破坏、构造破坏、功能退化或丧失等。而工程项目的经济寿命是指产品由于经济方面的原因而报废时的使用年限。这里所说的经济原因，一般主要指因新产品、新工艺的出现而导致继续使用旧产品经济效益降低等。目前建筑产品的使用年限呈现逐渐缩短的趋势，产品的更新速度在不断加快。

由于工程项目的经济性往往是要经过一定时期才能够体现出来，因此作为工程的决策者和管理者一定要有全局的观点和长远的眼光，不能只看到眼前的利益。比如现在提倡使用节能建筑，与不节能的传统建筑相比，节能建筑由于采取了诸如提高外墙、地板和屋顶的保温层厚度，安装双层中空玻璃（图 4-22）等多项节能措施，一般说来，需要增加一次性投资。所采用的节能技术的不同，所增加的费用和所取得的收益也不一样。根据一些试点资料分析，节能 50％时建筑节能投资增加额占住宅建筑本身造价的 7％～10％。与此同时，建筑节能投资一般可在 3～7 年左右全部收回。可见开发节能建筑，不仅其投资可以很快回收，而且能在住宅寿命期内通过减少温室气体排放，降低能源使用而长期获利。因此，尽管节能建筑的一次性投资高于非节能建筑，但在住宅整个寿命期内，节能建筑的经济性、环保性将明显优于非节能建筑。与此类似，许多工程项目初建时一次性投入较多资金安装性能完备的污染处理设备，其投资虽然较大，但因污染治理较为彻底，在工程有效的使用期内用于污染防治的费用相对较低，其长期的经济性将优于初建时缺乏必要的污染处理设备，工程投入使用后再投资治理污染的工程项目。

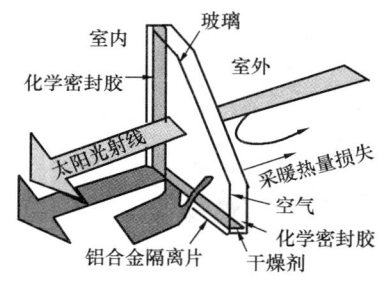

图 4-22   中空玻璃示意图

磁悬浮列车（图 4-23）与传统的运输方式相比优点是速度快，乘坐舒适、噪声较小，占用土地较少；其缺点是造价高，运行成本较大，不适用于近距离运输，不能利用现有的铁路设施。作为经济大国的日本早在 20 世纪 70 年代初就掌握了磁悬浮列车技术，1972 年日本率先研制成功电动力悬浮列车，1977 年又研制成功高速电动力磁悬浮列车。然而，日本在进行是否立即上马磁悬浮轨道项目的论证过

图 4-23　磁悬浮列车

程中，发现在当时的技术条件和客流量条件下，磁悬浮轨道项目的资金投入以及维修保养费用太大，在全寿命期内其经济性劣于现有交通系统的完善和更新（修建高速公路和高速铁路新干线）。为此，日本放弃了立即上马磁悬浮轨道项目的想法。直到 20 世纪 90 年代，随技术条件和客流量需求的改变，磁悬浮轨道项目经济性得以优化后日本才着手进行磁悬浮轨道修建。

三、工程项目的适用性

对于一项建设工程而言，它的适用性是第一位的，评价一项工程在经济上是否合理，首先要看它是否适用。一个不适用的项目，可能会因为功能不健全、不配套或运行成本太高等原因影响正常的使用而无法体现其真正的价值。因此，项目的决策、设计和施工，首先要满足适用性这个前提，没有这个前提，经济性也无从谈起，不能为了成本的降低而牺牲功能。对于项目投资方而言，经济性是个相对的概念，当"适用"标准一定时，无疑经济代价较小是最好的。然而当适用标准不同时，必须用价值工程的观点考虑项目的产出收益价值与投资成本的相互关系，取相对最优，力图使投入资源在其寿命期内体现的价值达到最大。比如成本增高，收益提高，但收益增加幅度高于成本增加幅度，实际的利润提高。在这种情况下，实际效益的提高使得经济性得到良好的体现。

2002 年，某公司在陕西西安开发房地产项目（图 4-24），当时未能充分考虑当地干旱少雨的气候特点，在设计楼盘和营销过程中打出"自然山水美地"的口号，虽然"理念创新"，但用户恐于供水保障性差，用水成本高而购买者寥寥无几。楼盘销售不畅，入住率低，商业运作一度陷入困境。后

图 4-24　某楼盘效果图

来，该公司在仔细研究当地市场后发现关键问题在于缺少对西安当地气候条件的考察，房屋结构和功能设计适用性不强。明白这一点以后，该公司在大量的前期市场调研基础上，及时对剩下楼盘的设计户型进行了变更，并进行了智能建筑方面的改进，针对当地的气候特征给住户提供了极大地便利。结果待售楼盘销售状况有了很大的改观，不仅很快回笼了资金，而且还将更改户型以及调研方面所付出的额外投资一并补回，取得了良好的经济效益。在吸取教训后，该公司在后续楼盘的开发中，针对不同地方特点，从传统建筑中吸取养分。2003 年，他们在广东开发以岭南吊脚楼为特点的楼盘，小窗隔热，两侧多巷道通风，江浙一带楼盘开发则融入合院式住宅的理念，适用性强的楼盘推出后受到当地消费者的青睐。

第四节　法　律　平　台

为最大限度地保障建筑业的健康发展，为人们创造良好的工作环境、生活环境以及生产环境，国家通过制定和实施建设法律法规来规范建筑市场和强化工程管理的职能、职责，维护建设市场秩序。

法律法规作为政府进行行业管理的重要手段，在建筑市场中起着不可估量的监督和规范作用，具有协调整个建筑市场的有效运转，促进建筑行业健康发展的重要功能。正确理解和有效运用建设法律法规，是工程管理从业者必需的基本素养。

由于工程项目投资规模大、资金回收期长，加之工程结构复杂、专业性要求较高、施工露天作业时间较长，较之其他生产行业，工程建设所具有的社会风险、技术风险、政策风险和信用风险等都相对较大。这也决定了管理者在工程的实现过程中必须具有较强的法律意识和法律法规实际运用能力，用法律手段维护工程实施的正常秩序和工程参与方的合法权益。

在工程项目实施全过程中，前期工作涉及土地审批和城市规划等方面，中期工作涉及勘察设计、工程施工、监理等方面，后期工作涉及验收、评估、产权、物业管理、税收征管等方面，这些工作都需要在相应的法律法规指导规范下实施运行。另一方面，工程实施过程因占道、拆迁、噪声、扬尘等难免会对交通及水、电、气、通信保障等原有设施设备的正常运行和人们的日常生活造成一定的影响。为了控制工程实施产生的不利影响，各地政府相继出台了一系列规章和条例，针对工程建设的设计、施工、监理、行政监督管理等环节，明确工程管理的法规依据、技术依据和管理模式，提出了切实有效的控制措施。显然，从事工程管理工作必须了解和把握与环境相关的各项法律法规。

2004 年，重庆某房地产开发有限公司与重庆某置业有限公司共同对重庆市九龙坡区鹤兴路片区进行开发，拆迁工作从 2004 年 9 月开始，该片区 280 户均已搬迁，仅剩一户长期固守，不予搬迁，这幢两层小楼一直伫立在工地上（图 4-25）。

图 4-25 "最牛钉子户"现场

2005 年 2 月，开发商向重庆市九龙坡区房管局提出拆迁行政裁决，要求裁决被拆迁人限期搬迁。房管局于 2007 年 1 月 11 日下达了拆迁行政裁决书，并于 2 月 1 日向重庆市九龙坡区人民法院提起了《先予强制拆迁申请书》。

法院在受理房管局申请先予执行强拆案后，曾于 3 月 19 日裁定限户主在 3 月 22 日前自行拆除房屋，并于 3 月 26 日责令户主在 3 月 29 日前自行搬迁，但户主逾期仍未搬迁。

法院 3 月 30 日发布公告，责令户主在 4 月 10 日前自动搬迁，否则将依法对他们的房屋实施强制拆除。法院同时表示，在强制拆迁前法院仍将组织拆迁双方进行协商。

4 月 2 日下午，户主与开发商在多方协调下终于达成和解，户主接受易地实物安置的拆迁补偿方案，在重庆市沙坪坝区置换一套商业用房。

建设法律体系，是指由国家制定或认可，并由国家强制力保证实施的，调整建设工程的新建、扩建、改建和拆除等有关活动中产生的社会关系的法律法规系统。它是按照一定的原则、功能和层次所组成的相互联系、相互配合、相互补充、相互制约、协调一致的有机整体，是针对建设工程的专业性法律法规。

改革开放初期，国务院及其相关行政主管部门制定并颁布了许多有关建设方面的规定，但未形成完整的体系，更无一部建设法律。1989 年建设部组织了建设法规体系的研究、论证工作，并于 1990 年向全国各级建设行政主管部门制定下发《建设法律体系规划方案》，使我国建设立法走上了系统化发展之路。

对于我国建设法律体系的框架结构，曾经设想过两种方案。第一种方案是设立"中华人民共和国建设法"，以其作为建设事业的基本法，综合覆盖住房和城乡建设部（以下简称"住建部"）主管的全部业务，依次再用专项法律、行政法规、部门规章作补充，即宝塔形结构方案；第二种方案是不设"中华人民共和国建设法"，而以若干并列的专项法律共同组成体系框架的顶层，依序再配置相应的行政法规和部门规章，形成若干相应联系又相对独立的小体系，即梯形结构方案。后经过反复研究论证，我国采用了第二种方案。理由包括：第一，工程建设、城市建设、村镇建设、建筑业、房地产业和市政公用事业，虽然有着较密切的联系，但又有着本质区别，法律调整范围亦有许多不同；第二，各专项法律与相应的行政法规、部门规章相配套，完全可以解决各自的法律问题。如果将它们捏合成一个法，势必既庞杂又原则空洞，在实践中缺乏可操作性；第三，住建部既是综合职能部门，又是多行业的行业管理部门，建设法律体系可以包括若干个基本法。国外一些国家的建设法律体系也是如此。

建设法律体系的基本框架由纵向结构和横向结构所组成。从建设法律体系的纵向结构看，按照现行的立法权限可分为五个层次，即法律、行政法规、部门规章和地方性法规、规章。

法律是指由全国人大及其常务委员会审议发布的属于住建部主管业务范围的各项法律。它是建设法律体系的核心。

行政法规是指国务院依法制定并颁布的属于住建部主管业务范围内的各项法规。它在建设法律体系中居"中坚"地位。

部门规章是指住建部根据国务院规定的职责范围，依法制定并颁布的各项规章，或由住建部与国务院有关部门联合制定并发布的规章。

地方性法规是指在不与宪法、法律、行政法规相抵触的前提下，由省、自治区、直辖市人大及其常委会制定并发布的建设方面的法规，包括省会（自治区首府）城市和经国务院批准的较大的市人大及其常委会制定的，报经省、自治区人大或其常委会批准的各种法规。地方性法规在其行政区域内有法律效力。

地方规章是指省、自治区、直辖市以及省会（自治区首府）城市和经国务院批准的较大的市的人民政府，根据法律和国务院的行政法规，制定并颁布的建设方面的规章。

从建设法律体系的横向结构看，包括建设方面的法律、行政法规、部门规章和与建设活动关系密切的相关法律、行政法规、部门规章两个方面。与建设活动关系密切的相关的法律、行政法规和部门规章，虽然不是住建部起草或制定的，但因其所包含的内容或某些规定，起着调整一部分建设活动的作用，所以在学习建设法律体系横向结构时，适当地安排了相关法律、行政法规和部门规章的地位，以使建设法律体系的结构更为完整。

一、宪法

宪法是国家的根本大法，是特定社会政治经济和思想文化条件综合作用的产物，它集中反映各种政治力量的实际对比关系，确认革命胜利成果和现实的民主政治，规定国家的根本任务和根本制度，即社会制度、国家制度的原则和国家政权的组织以及公民的基本权利义务等内容。宪法在内容上所具有的国家根本法的这一特点，决定了它的法律地位高于普通法，具有最高法律权威和最高法律效力。宪法是制定普通法律的依据，普通法律的内容都必须符合宪法的规定。与宪法内容相抵触的法律无效。我国的宪法由我国的最高权力机关——全国人民代表大会制定和修改。

二、法律

广义上的法律，泛指《立法法》调整的各类法的规范性文件；狭义上的法律，仅指全国人大及其常委会制定的规范性文件。这里，我们仅指狭义上的法律。法律的效力低于宪法，但高于其他的法。

按照法律制定的机关及调整的对象和范围不同，法律可分为基本法律和一般法律。

基本法律是由全国人民代表大会制定和修改的，规定和调整国家和社会生活中某一方面带有基本性和全面性的社会关系的法律，如《民法通则》、《合同法》、《刑法》和《民事诉讼法》等。

一般法律是由全国人民代表大会常务委员会制定或修改的，规定和调整除由基本法律调整以外的，涉及国家和社会生活某一方面的关系的法律，如《建筑法》、《招标投标法》、《安全生产法》和《仲裁法》等。

我国法律体系中，与工程建设相关的法律有很多，这些法律尽管有着各自的主要调整范围，但也经常相互发生作用。本书仅就与工程建设密切相关的部分法律进行介绍。

（一）民法

民法是调整平等主体的公民之间、法人之间、公民和法人之间的财产关系和人身关系的法律，主要由《中华人民共和国民法通则》和单行民事法律组成，单行民事法律包括《物权法》、《合同法》、《担保法》、《著作权法》、

《专利法》和《婚姻法》等。民事法律，是我国法律体系中最基本和最重要的法律部门之一。工程建设活动中的人身关系和财产关系都与民法密切相关。

（二）建筑法

《中华人民共和国建筑法》于 1997 年 11 月 1 日由中华人民共和国第八届全国人民代表大会常务委员会第二十八次会议通过，于 1997 年 11 月 1 日中华人民共和国主席令第 91 号公布，自 1998 年 3 月 1 日起施行。

《建筑法》的立法目的在于加强对建筑活动的监督管理，维护建筑市场秩序，保证建筑工程的质量和安全，促进建筑业健康发展。《建筑法》共包括八十五条，分别从建筑许可、建筑工程发包与承包、建筑工程监理、建筑安全生产管理、建筑工程质量管理和法律责任等方面作出了规定。

（三）招标投标法

《中华人民共和国招标投标法》于 1999 年 8 月 30 日由第九届全国人民代表大会常务委员会第十一次会议通过，自 2000 年 1 月 1 日起施行。

《招标投标法》的立法目的在于规范招标投标活动，保护国家利益、社会公共利益和招标投标活动当事人的合法权益，提高经济效益，保证项目质量。《招标投标法》共包括 68 条，分别从招标、投标、开标和中标等各主要阶段对招标投标活动作出了规定。

（四）安全生产法

《中华人民共和国安全生产法》于 2002 年 6 月 29 日由中华人民共和国第九届全国人民代表大会常务委员会第二十八次会议通过，自 2002 年 11 月 1 日起施行。

《安全生产法》的立法目的在于加强安全生产监督管理，防止和减少生产安全事故，保障人民群众生命和财产安全，促进经济发展。《安全生产法》共七章九十九条，对生产经营单位的安全生产保障、从业人员的权利和义务、安全生产的监督管理、生产安全事故的应急救援与调查处理，以及法律责任等方面作出了规定。

（五）物权法

《中华人民共和国物权法》于 2007 年 3 月 16 日由第十届全国人民代表大会第五次会议通过，自 2007 年 10 月 1 日起施行。

《物权法》的立法目的在于维护国家基本经济制度，维护社会主义市场经济秩序，明确物的归属，发挥物的效用，保护权利力的物权。《物权法》共247条，对业主的建筑物区分所有权、土地承包经营权、建设用地使用权，担保物权等方面作出了规定。

三、行政法规

行政法规是最高国家行政机关即国务院制定的规范性文件，效力低于宪法和法律。与工程建设密切相关的行政法规包括《建设工程质量管理条例》、《建设工程勘察设计管理条例》、《建设工程安全生产管理条例》、《安全生产许可证条例》和《建设项目环境保护管理条例》等。

《建设工程质量管理条例》经2000年1月10日国务院第25次常务会议通过，自2000年1月30日发布起施行。立法目的在于加强对建设工程质量的管理，保证建设工程质量，保护人民生命和财产安全。该条例共九章八十二条，分别对建设单位、施工单位、监理单位和勘察、设计单位的质量责任和义务，以及建设工程的质量保修和监督管理作出了规定。凡在中华人民共和国境内从事建设工程的新建、扩建、改建等有关活动及实施对建设工程质量监督管理的，必须遵守本条例。

《建设工程勘察设计管理条例》经2000年9月20日国务院第31次常务会议通过，自2000年9月25日施行。立法目的在于加强对建设工程勘察、设计活动的管理，保证建设工程勘察、设计质量，保护人民生命和财产安全。该条例共七章四十五条，分别对勘察设计的资质资格管理、建设工程勘察设计发包与承包、建设工程勘察设计文件的编制与实施等作出了规定。

《建设工程安全生产管理条例》经2003年11月12日国务院第28次常务会议通过，2003年11月24日公布，自2004年2月1日起施行。立法目的在于加强建设工程安全生产监督管理，保障人民群众生命和财产安全。《建筑法》和《安全生产法》是制定该条例的基本法律依据，是《建筑法》和《安全生产法》在工程建设领域的进一步细化和延伸。该条例共八章七十一条，分别对建设单位、施工单位、工程监理单位，以及勘察、设计和其他有关单位的安全责任作出了规定。在中华人民共和国境内从事建设工程的新建、扩建、改建和拆除等有关活动及实施对建设工程安全生产的监督管理，必须遵守本条例。

《安全生产许可证条例》经 2004 年 1 月 7 日国务院第 34 次常务会议通过，自 2004 年 1 月 13 日起正式施行。立法目的在于严格规范安全生产条件，进一步加强安全生产监督管理，防止和减少生产安全事故。该条例共二十四条，对安全生产许可证的颁发管理作出了规定。依据《安全生产许可证条例》，原建设部于 2004 年 7 月 5 日发布施行了《建筑施工企业安全生产许可证管理规定》，适用于从事土木工程、建筑工程、线路管道和设备安装工程及装修工程的新建、扩建、改建和拆除等有关活动的企业。

四、地方性法规

地方性法规是指省、自治区、直辖市以及省、自治区人民政府所在地的市和经国务院批准的较大的市的人民代表大会及其常委会，在其法定权限内制定的法律规范性文件，如《北京市招标投标条例》、《黑龙江省建筑市场管理条例》和《深圳经济特区建设工程施工招标投标条例》等。地方性法规只在本辖区内有效，其效力低于法律和行政法规。

五、行政规章

行政规章是由国家行政机关制定的法律规范性文件，包括部门规章和地方政府规章。

部门规章是由国务院各部、委制定的法律规范性文件，如原建设部制定颁布的《住宅室内装饰装修管理办法》和《建筑业企业资质管理规定》，国家发改委、原建设部、原铁道部等七部委联合审议颁布的《工程建设项目施工招标投标办法》等。部门规章的效力低于法律和行政法规。

地方政府规章是由省、自治区、直辖市以及省、自治区人民政府所在地的市和国务院批准的较大的市的人民政府所制定的法律规范性文件，如《北京市建筑工程施工许可办法》（2003 年 11 月 25 日北京市人民政府第 139 号令颁布）。地方政府规章可以规定的事项包括：为执行法律、行政法规、地方性法规的规定需要制定规章的事项；属于本行政区域具体行政管理的事项。地方政府规章的效力低于法律和行政法规，也低于同级或上级地方性法规。

地方性法规与部门规章之间对同一事项的规定不一致，不能确定如何适用时，由国务院提出意见，国务院认为应当适用地方性法规的，应当决定在该地方适用地方性法规的规定；认为应当适用部门规章的，应当提请全国人民代表大会常务委员会裁决；部门规章之间、部门规章与地方政府规章之间对同一事项的规定不一致时，由国务院裁决。

六、最高人民法院司法解释规范性文件

最高人民法院对于法律的系统性解释文件和对法律适用的说明，对法院审判有约束力，具有法律规范的性质，在司法实践中具有重要地位和作用。在民事领域，最高人民法院制定的司法解释文件有很多，如《关于贯彻执行〈中华人民共和国民法通则〉若干问题的意见（试行）》、《关于审理建设工程施工合同纠纷案件适用法律问题的解释》等。

七、国际条约

国际条约是指我国作为国际法主体同外国缔结的双边、多边协议和其他具有条约、协定性质的文件，如《建筑业安全卫生公约》等。国际条约是我国法的一种形式，同样具有法律效力。

思　考　题

1. 为什么工程管理需要技术、管理、经济和法律四个平台的知识和技能？
2. 建筑技术发展的新趋势有哪些？
3. 管理的主要职能有哪些？试通过实例加以说明。
4. 如何评价一个工程项目全寿命周期内的经济性？
5. 我国建设法规体系的基本框架和主要内容是什么？

第五章　工程管理专业教学体系

自人类开始工程建设活动，就产生了对工程管理的需求和实际应用。现代成体系的工程管理专业教育始于工业革命，普遍形成独立的本科专业则是在 20 世纪 50 年代以后。几十年来，伴随社会经济环境的巨大变化和工程建设的大量实践，工程管理专业教育在全球范围内得以稳定发展。目前，工程管理高等教育在培养方向、课程设置、教学手段、教学评估等方面不断完善，工程管理教学体系建设日臻成熟。

第一节　工程管理专业沿革与发展

一、国外工程管理专业概况

工业发达国家和地区的工程管理（建筑管理类）专业起步较早、发展较快，现已发展成为一个相对独立、办学规模稳定和教学体系健全的专业，尤以美国和英国为典型。

普遍认为，现代成体系的工程管理专业教育始于工业革命，如英国的工料测量（Quantity Surveying. QS）课程已有 200 多年历史。普遍形成独立的本科专业则是在 20 世纪 50 年代以后，如美国设立建筑工程管理（Construction Management，CM）学士学位。到 20 世纪末，美国已有八十余所院校设有独立于工商管理学院的建筑管理院系。工程管理类专业人才的培养方向主要有两类：一类是面向建筑行业的工程管理（Construction Management），该类专业的学生培养目标定位为：通过全面而均衡的教育，使学生得到终身学习的能力，获得建筑领域专业知识、专业意识和领导能力，服务于建筑业和社会。从事此类人才培养的大学有路易斯安那州立大学（Louisiana State University）、克莱姆森大学（Clemson University）、南方理工州立大学（Southern Polytechnic State University）、佐治亚理工学院（Georgia Institute of Technology）和佛罗里达大学（University of Florida）等。美国建设教育委员会(American Council for Construction Education，ACCE)对其国内该类专业的培养单位有指导与评估的职能。另一类则是面向其他特定行业的工程管理(Engineering Management)，该类专业的学生培养目标定位为具有组织与管理工程技术项目能力的复合型人才。美国工程管理学会(American Society for Engineering Management，ASEM)为美国该类专业人才培养提供指导，同时该学会通过连续举办工程管理年会、出版工程管理手册等方式来提升工程管理的理论与方法。从事此类人才培养的学校包括斯蒂文斯理工学院(Stevens Institute of Technology)、美国军事专科学院(United States Military Academy)、罗拉密苏里大学(University of Missouri-Rolla)、佛蒙特大学(University of Vermont)、弗吉尼亚大学(University of Virginia)和圣克劳得州立大学(St. Cloud State University)等院校。

美国工程与技术认证委员会（ABET）制定了对工程教育培养专业人才的11条评估标准。基于这一标准，工程管理专业毕业生的实践能力应满足以下要求：

□ 兼具工程、管理、法律等多方面的知识；

□ 具备计算机操作、英文写作及沟通的能力；

□ 有根据需要编制工程文件、设计组织架构、解决技术问题的能力；

□ 具备接受多种训练的综合能力；

□ 具备验证、指导及解决工程问题的能力；

□ 具备基本的职业道德和社会责任感；

□ 具备良好的表达和沟通能力；

□ 具备在全球化背景下应对工程环境变革的能力；

□ 具备终身学习的能力；

□ 具备思想与认识随时代发展和技术进步不断更新的能力；

□ 具备应用各种技术和现代工程工具去解决实际问题的能力。

英国建筑工程管理专业培养目标（表5-1）兼顾专业技能和综合素质，将优秀管理者不可或缺的沟通、协调、领导能力的培养与专业教育并重。如英国里丁大学（University of Reading）在培养计划中提出自我调整技能(Transferable skills)，包括IT（文字处理、电子数据表、CAD、计划编制软件）技能、撰写报告、口头表达、团队合作、解决问题、信息收集、时间管理、商业意识和职业规划与管理等。通过不定期地组织研讨和参与实际工程项目等方式为学生创造锻炼机会，使其综合能力得到全面提升。

英国建筑工程管理专业培养目标　　　　　　　　　表 5-1

学制	学位	培养目标	主要就业方向
三年	理学学士	掌握现代建筑业必备的管理、商务、技术等方面的知识和技能，达到专业协会对行业准入的基本资质要求，培养综合素质（IT、表达能力、团队合作等），为发展成为项目经理奠定扎实的理论和技术基础	建筑企业 咨询公司 公共服务部门 工料测量部门

此外，英国的专业协会认可制度与高校专业教育有机结合。英国高校建筑工程管理专业接受教育部门和相关行业协会的双重评估。教育部门主要就培养目标、教学计划、师资力量、学校软硬件条件进行评估；而行业协会则将学校专业课程体系设置的合理性，人才培养目标是否适应社会需求等作为评价标准。英国开设建筑工程管理专业的学校必须通过行业协会，如英国皇家特许测量师学会（RICS）、英国皇家特许建造学会（CIOB）等的评估，否则学校毕业生不能得到社会承认，难以进入专业所对应的行业工作。英国建筑工程管理专业教育不仅是进入建筑管理行业的门槛，也为学生今后申请成为行业协会正式会员奠定必要的知识和学历基础。高等学校和专业协会共同完成建筑管理人员从初级人才到业内高级人才的培养过程，真正贯彻终身教育的理念（图 5-1）。

英国建筑工程管理专业理论教学按照"基础课程—平台课程—方向课程"的模式安排。但英国教学计划的安排弹性更大，具体表现在专业选修课范围广、科目多、专业方向自主选择。

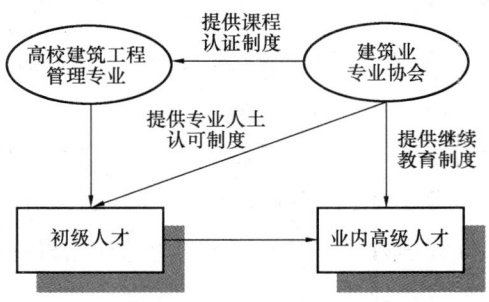

图 5-1　英国建筑工程管理人才培养模式

以里丁大学为例，该校的建筑工程管理学院（School of Construction Management and Engineering）开设了四个三年制本科专业方向：建筑施工管理（Building Construction and Management）、建筑测量（Building Surveying）、工程管理与测量（Construction Management and Surveying）和工料测量（Quantity Surveying），毕业生授予理学士学位（Bachelor of Science）。四个专业方向前两年开设的课程都相同，为基础课

程和平台课程。第二学年结束，学生不受入学时申请的专业方向的限制，都可根据个人兴趣和职业发展规划重新选择专业方向。第三学年则集中精力于所选专业方向理论课程的学习。

英国学生的学习方式灵活多样。理论教学常将学生分为 15 人左右的小班进行，每门课的课程指南会引导学生在课前搜集、阅读、整理与课程有关的材料，并在课堂上展开讨论，调动学生的积极性。学生有机会在老师指导下以团队合作形式参与实际项目，加强理论与实践的联系。第三年则注重学生个性化发展，鼓励学生发挥个人主观能动性，踊跃参与专业研讨会或实际工程项目。考核方式也形式多样，包括随堂测试、论文、报告、口头或书面陈述及参与项目等，全方位地考察学生的综合素质。

二、我国工程管理专业概况

我国高等学校工程管理专业最早起源于土木工程学科，主要领域为建筑工程施工的组织和管理。受我国工程技术行业传统的"重技术轻管理"思想的影响，工程管理专业在较长时期内并未得到足够的认可和重视。新中国建立初期，国家处于百废待兴的状态，社会主义经济建设尤其是基础设施建设急需大量资金和人才。为适应大规模工程建设的需要，1956 年同济大学开设了"建筑工业经济与组织"专业，西安建筑工程学院设置了建筑工业经济组织与计划管理专业，学制五年，首次将工程管理设置为独立的本科专业，率先明确和提升了工程管理专业在建筑行业中的层次和地位，为工程管理专业的后续发展奠定了基础。1978 年，受"文革"影响中断的管理类专业陆续恢复，工程管理对国家经济建设的重要作用得到重新认识，国内部分高校相继创办了建筑管理工程专业。此后的几十年里，为适应国家经济体制的转变和经济建设不断发展变化的需要以及高校教育学科的调整，建设管理类专业几易其名。1998 年，根据教育部《普通高等学校本科专业目录》的规定，工程管理专业整合了原专业目录中的建筑管理工程、国际工程管理、房地产经营管理（部分）等专业，成为具有较强综合性和较大专业覆盖范围的新专业（图 5-2）。例如重庆建筑工程学院（现重庆大学 B 区）1980 年在土木工程系设置了建筑经济与管理专业；1981 年成立独立的建筑管理工程系，建筑经济与管理专业更名为建筑工程管理专业；1989 年在建筑工程管理专业的基础上，设置了国际工程承包专业方向；1995 年国际工程承包专业方向更名为国际企业管理专业；1998 年设立工程管理专业，并在此基础上确定了工程项目管理、房地产经营与管理、投资与造价管理、国际工程管理和物业管理五个专业方向。2012 年，教育部颁布新的《普通高等学校本科专业目录》，又将"工程管理"拆分为工程管理、房地产开发与管理、工程造价三个本科专业。

重庆大学工程管理专业办学层次与培养方向见表 5-2。

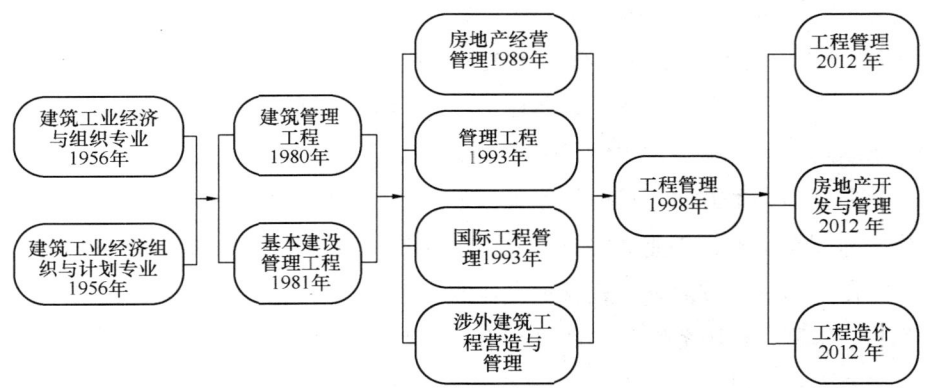

图 5-2　工程管理专业沿革

重庆大学工程管理专业办学层次及培养方向　　表 5-2

	院系	建设管理与房地产学院 工程管理系					
本科	学制	四年					
	方向	工程项目管理、房地产经营与管理、投资与造价管理、国际工程管理和物业管理					
硕士	院系	建设管理与房地产学院、土木工程学院					
	专业	管理科学与工程	技术经济及管理	行政管理	土地资源管理	区域经济学	土木水利施工
	研究方向	建筑工程项目管理、房地产经营管理、建设经济等	建设项目技术经济分析与评价等	地方建设行政管理等	城市土地资源管理等	区域发展规划等	施工管理、基建优化、施工质量、安全控制等
博士	院系	建设管理与房地产学院、土木工程学院					
	专业	管理科学与工程			土木水利施工		
	研究方向	建设工程项目管理、建筑技术经济分析、建筑风险分析与管理等			建设工程项目管理、建筑业、建筑企业管理、公共项目的私人融资		
相关研究机构		建设经济与管理研究中心、可持续建设国际研究中心					

近年来，伴随我国经济建设的持续高速发展，工程项目的大量实践助推工程管理在基础理论和技术方法等方面日趋完善，工程管理在社会经济发展中的重要地位和作用得到普遍认同和高度重视。高校工程管理专业教育、教

学体系也逐步健全。工程管理专业成为改革开放以来我国高等教育发展最快、收效最好的专业之一。

在办学规模方面，1999 年设置工程管理专业本科层次的院校 70 所，2000 年新增 22 所，2001 年新增 15 所，2002 年新增 25 所，2003 年增至 255 所，2006 年增至 310 余所，2011 年达到 438 所，其中工程管理专业 366 所，房地产经营管理专业 44 所，工程造价专业 38 所，招生人数年均增长 12％，2011 年在校学生总人数为 14.6 万人，毕业人数 2.4 万人，招生人数 4.2 万人，招生规模成为高校土建类学科中仅次于土木工程的第二大专业类别。工程管理专业办学规模的迅速扩大和办学条件的不断改善，为我国近年来持续发展的工程建设提供了一大批从事工程管理及相关工作的专业人才。

在办学类型方面，目前设置工程管理类专业的院校主要分布在综合类院校、理工类院校、矿业类院校、电力类院校、财经类院校和职业技术院校。

在培养层次方面，工程管理专业的专科、本科、硕士、博士教育都得到了长足发展。在国务院学位委员会和教育部 2011 年颁布的《学位授予与人才培养学科目录》中，未设置与"工程管理"名称一致的学科。目前各高校均以在一级学科范围内自主设置二级学科的方式，在管理科学与工程、土木工程等一级学科下设置"工程管理"、"项目管理"、"工程与项目管理"、"建设工程管理"等二级学科的方式招收硕、博士研究生。

国内部分高校工程管理专业办学情况见表 5-3。

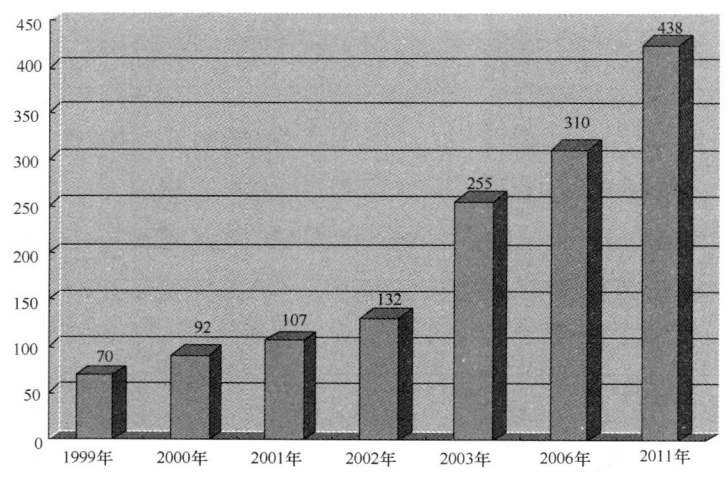

图 5-3   我国开设工程管理专业的高校数量（所）

其他部分高校工程管理专业办学层次和培养方向

表5-3

院校	本科		硕士			博士			相关研究机构
	院系	专业方向	院系	专业	研究方向	院系	专业	研究方向	
清华大学	土木水利学院建设管理系	工程项目管理、房地产经营与管理	土木水利学院	管理科学与工程	建设项目管理、房地产经济与管理、建筑施工技术	土木水利学院	管理科学与工程	建设项目管理、房地产经济与管理	工程管理研究所、项目管理与建设技术研究所等
同济大学	经济与管理学院建设与房地产系	工程项目管理、房地产经营与管理	经济与管理学院	管理科学与工程	建设工程管理等	经济与管理学院	城市管理与建设工程管理	工程项目管理及其信息化、建筑经济与城市建设管理等	工程管理研究所
天津大学	管理学院工程管理系	国际工程管理、投资与房地产管理	管理学院	工程管理	项目管理、国际工程管理、建设项目投融资管理等	管理学院	工程管理	工程发展规划管理、工程项目建设管理等	系统工程研究所、管理科学研究所等
哈尔滨工业大学	管理学院营造与房地产系	建设工程管理、国际工程管理、房地产投资与管理	管理学院	管理科学与工程	建筑经济与管理、系统工程理论与方法等	管理学院	管理科学与工程	建筑经济与管理、系统工程理论与方法等	建筑经济与管理研究所
东南大学	土木工程学院建设与房地产系	土木工程技术、工程项目管理、房地产开发与经营	土木工程学院	土木工程、建造与管理、管理科学与工程	国际工程项目包、工程管理、房地产投资与开发等	土木工程学院	管理科学与工程	大型工程项目全寿命期集成化管理研究、建筑企业和建设监管等	房地产研究所、建设监理研究所等
西安建筑科技大学	管理学院	基建投资与技术经济、国际工程承包与管理	管理学院	管理科学与工程	工程造价计价方法研究等	土木学院	结构工程	建筑经济与管理、工程项目管理等	建筑经济研究所

三、工程管理学科特点

工程管理是研究工程技术活动中所涉及的计划、组织、资源配置、指挥与控制等管理问题的学科，其区别于其他管理类学科的特征主要表现为以下方面。

首先，工程管理学科研究对象具有一定的行业特征。工程管理学科的研究对象是基于工程技术的管理规律和工程技术活动的管理问题，研究过程中需要解决两方面的问题：一是工程技术活动所遵循的工程规律，二是工程技术活动所涉及的管理规律。因为工程涉及各行各业，如水利、交通、机械、化工等，工程技术内容包罗万象，因此工程管理学科研究问题需要考虑其研究对象所在的行业特征。

其次，工程管理学科的研究方法是工程技术与管理理论的集成。工程建设不同于一般的商品生产，具有很强的计划性、法制性、程序性，对经济、社会、环境具有较大的影响，且影响具有滞后性。工程施工规律有别于一般生产规律，这些决定了其研究问题时需要综合研究对象所处行业的工程技术及相应的管理理论。工程管理专业教育强调技术课程的学习，其技术课程在全部课程中占有相当高的比例。同时，学生还必须参加配合技术课程教学而设置的各种实验、实习活动，以更好地了解工程对象，理解课堂所学的知识。在管理类课程中除基本平台课程外，主要开设与工程管理密切相关并带有极强专业技术性的交叉科目，如工程项目管理、建筑企业管理、国际工程索赔、工程估价与成本核算等。

第三，工程管理学科具有与时俱进的必然要求。由于外部环境的变化和科学技术的飞速发展，工程管理学科面临的问题以及解决问题所依赖的方法将处于不断变化之中。由于其突出的工程技术背景特征，工程管理所具有的共性知识与所在的行业技术特征的结合是当前工程管理发展的重要趋势。根据环境变化适时调整其研究对象，致力于解决现实工程技术活动中的管理问题是工程管理学科的责任和使命。

第四，工程管理学科依赖于理论与实践的紧密结合。工程管理学科从一开始就是为了解决管理工程技术活动的现实问题而诞生的。工程管理是为了解决工程建设中的时间、成本、质量等实际问题，其理论与方法可以直接为控制项目的进度、降低建设成本、确保工程质量提供理论支持与策略指导。同时，工程实施过程中所进行的可行性研究、工程报价、招标投标、施工组织等活动都是具很强应用性、技能性和针对性的实际工作。另一方面，工程管理学科同样强调对工程技术活动所涉及的管理理论问题研究。认真学习国外工程管理的成熟理论和先进技术，深入分析研究我国各类工程项目建设与运营中积累的经验和存在的问题，努力探寻适合我国国情的工程管理理论与技术方法，是我国工程管理学科研究人员的重要任务。

四、工程管理专业学科设置

依据教育部颁布的《普通高等学校本科专业目录（2012 年）》和《普通高等学校本科专业设置管理规定》，目前我国设置了哲学、经济学、法学、教育学、文学、历史学、理学、工学、农学、医学、管理学、艺术学 12 个学科门类。其中，管理学门类下设专业类 9 个，46 种专业。工程管理专业（专业代码 120103，授管理学或工学学士学位）属于管理学门类下管理科学与工程类专业（表 5-4）。

管理学门类专业设置 表 5-4

序号	学科门类	专业类	专业名称	备 注
12	管理学			
1201		管理科学与工程类		
120101			管理科学	可授管理学或理学学士学位
120102			信息管理与信息系统	可授管理学或工学学士学位
120103			工程管理	可授管理学或工学学士学位
120104			房地产开发与管理	
120105			工程造价	可授管理学或工学学士学位
1202		工商管理类		
120201K			工商管理	
120202			市场营销	
120203K			会计学	
120204			财务管理	
120205			国际商务	

续表

序号	学科门类	专业类	专业名称	备注
120206			人力资源管理	
120207			审计学	
120208			资产评估	
120209			物业管理	
120210			文化产业管理	可授管理学或艺术学学士学位
1203		农业经济管理类		
120301			农林经济管理	
120302			农村区域发展	可授管理学或农学学士学位
1204		公共管理类		
120401			公共事业管理	
120402			行政管理	
120403			劳动与社会保障	
120404			土地资源管理	可授管理学或工学学士学位
120405			城市管理	
1205		图书情报与档案管理类		
120501			图书馆学	
120502			档案学	
120503			信息资源管理	
1206		物流管理与工程类		
120601			物流管理	
120602			物流工程	可授管理学或工学学士学位
1207		工业工程类		
120701			工业工程	可授管理学或工学学士学位
1208		电子商务类		
120801			电子商务	可授管理学或经济学或工学学士学位
1209		旅游管理类		
120901K			旅游管理	
120902			酒店管理	
120903			会展经济与管理	

五、工程管理专业教学指导与评估

为加强开设工程管理专业高校间的联系，促进学术交流，不断提高工程管理专业的办学质量，1990 年国家成立了"全国高等学校建筑管理工程学科专业指导委员会"，隶属于建设部，任期至 1994 年。1994 年，"全国高等学校建筑管理工程学科专业指导委员会"更名为"全国高等学校建筑与房地产管理学科专业指导委员会"，仍隶属于建设部，任期至 1998 年。1998 年，教育部颁布了新的《普通高等学校本科专业目录》，设置了新的工程管理专业，拓宽了专业面。"全国高等学校建筑与房地产管理学科专业指导委员会"换届并更名为"高等学校工程管理学科专业指导委员会"，拟定任期至 2003 年。2000 年，教育部委托建设部设立了"高等学校土建学科教学指导委员会"，该委员会包括"高等学校建筑学专业指导委员会"、"高等学校城市规划专业指导委员会"、"高等学校土木工程专业指导委员会"、"高等学校建筑环境与设备工程专业指导委员会"、"高等学校给水排水工程专业指导委员会"和"高等学校工程管理专业指导委员会"。

高等学校工程管理专业指导委员会（简称专业指导委员会）通过全国普通高等学校工程管理专业院长（系主任）会议的形式，对国内高等学校工程管理专业的建设与发展予以指导。

第一届全国普通高等学校工程管理专业院长（系主任）会议于 2001 年 11 月在苏州科技大学召开，全国 80 多所普通高等学校近 120 位代表参加了会议。与会者对工程管理专业和学科的建设与发展，工程管理专业教材建设、人才培养模式和教学方法改革等问题进行了认真的研讨。第二届会议于 2003 年 12 月在华中师范大学召开，全国 120 多所普通高等学校 140 多位代表参加了会议。会议主要就国内高等学校工程管理专业建设与发展，工程管理专业人才培养等议题进行了广泛的交流和讨论。与会代表一致认为工程管理专业人才的培养方向应以管理型、综合型素质教育为主，突出信息化管理在工程管理中的作用。部分企业代表也参加了此次会议，展示了现代化、专业化的项目管理应用技术和产品，对工程管理专业和学科的建设与发展、工程管理专业教材建设、人才培养模式和教学方法改革等方面提出了许多建设性意见。第三届会议于 2006 年 11 月在同济大学召开，参会学校数量和与会代表人数创下新高，来自中国工程院、建设部和全国 160 余所开设工程管理相关专业高校的 260 余位专家和学者出席会议，围绕工程管理学科建设、课程设置和教学改革，工程管理市场准入和适用人才培养等问题开展了广泛的交流与讨论。第四届会议于 2008 年 11 月 6 日在南京东南大学土木工程学院召开，全国近 300 名约 180 家高等院校的院长、系主任和项目管理领域的专家、学者出席会议，针对工程管理专业规范、专业建设、专业评估、实验与实践教学等主题，进行了热烈讨论和经验总结，标志着工程管理专业在我国高等教育和工程管理行业中的地位和影响不断扩大。

与此同时，为加强国家对工程管理专业教育的宏观指导，保证和提高工程管理专业教育质量，使我国高等学校工程管理专业毕业生符合未来国家规定的申请参加相关专业国家注册执业资格考试的教育标准要求，为与有关专业的国际教育标准相协调并在国际上相互承认学历创造条件，我国设立住房和城乡建设部高等教育工程管理专业评估委员会（以下简称评估委员会）。评估委员会自 1999 年以来开始对我国高校的工程管理专业进行评估，同时每隔 5 年进行一次复评。评估委员会成员 25 名左右，其中有关主管部门 1～2 名，行业学会、协会 1～2 名，教育界 10～12 名，企业界 10～12 名。评估委员会人选由全国高等学校工程管理学科专业指导委员会、中国建筑学会、中国建筑业协会协商推荐，由住房和城乡建设部聘任。评估委员会对开设工程管理专业各高校的师资状况、学生情况、课程设置、教学管理，以及科研、学术活动等各方面展开全面评估（表 5-5），至今已有 33 所高校先后通过评估（表 5-6）。

工程管理专业本科教育评估标准指标体系　　　　　　表 5-5

一级指标	二级指标	观 测 点
1. 教学条件	1.1　师资队伍	1.1.1　师资队伍结构
		1.1.2　教师实践经验
		1.1.3　师资人数及学术水平
	1.2　教学资料	1.2.1　图书期刊
		1.2.2　标准规范
		1.2.3　其他
	1.3　教学设施	1.3.1　教室
		1.3.2　实验室
		1.3.3　教学用计算机
	1.4　实习条件	实习基地情况
	1.5　教学经费	教学经费情况

续表

一级指标	二级指标	观 测 点
2. 教育过程	2.1　思想政治教育工作	2.1.1　思想政治教育工作队伍
		2.1.2　思想政治教育工作情况
		2.1.3　教书育人
	2.2　教学管理与实施	2.2.1　专业定位与培养目标
		2.2.2　培养方案与教学文件
		2.2.3　教学管理
		2.2.4　课程教学实施
		2.2.5　实践教学
		2.2.6　毕业设计（论文）
3. 教育质量	3.1　德育标准	3.1.1　政治思想
		3.1.2　学风
		3.1.3　修养
	3.2　智育标准	3.2.1　专业基础
		3.2.2　专业方向
		3.2.3　实践与创新
	3.3　体育标准	体育锻炼情况
4. 专业特色		专业特色可体现在办学理念、教学条件、教育过程、教育质量等不同方面。

我国高校工程管理专业评估情况

（截至 2012 年 5 月，按首次通过评估时间排序）　　**表 5-6**

序号	学　　校	本科合格有效期	首次通过评估时间
1	重庆大学	2004.5～2009.6	1999.11
2	哈尔滨工业大学	2004.5～2009.6	1999.11
3	西安建筑科技大学	2004.5～2009.6	1999.11
4	清华大学	2004.5～2009.6	1999.11
5	同济大学	2004.5～2009.6	1999.11
6	东南大学	2004.5～2009.6	1999.11
7	天津大学	2006.6～2011.6	2001.6
8	南京工业大学	2006.6～2011.6	2001.6
9	广州大学	2008.5～2013.5	2003.6
10	东北财经大学	2008.5～2013.5	2003.6

续表

序号	学 校	本科合格有效期	首次通过评估时间
11	华中科技大学	2005.6～2010.6	2005.6
12	河海大学	2005.6～2010.6	2005.6
13	华侨大学	2005.6～2010.6	2005.6
14	深圳大学	2005.6～2010.6	2005.6
15	苏州科技学院	2005.6～2010.6	2005.6
16	中南大学	2006.6～2011.6	2006.6
17	湖南大学	2006.6～2011.6	2006.6
18	沈阳建筑大学	2007.6～2012.5	2007.6
19	北京建筑工程学院	2008.5～2013.5	2008.5
20	山东建筑大学	2008.5～2013.5	2008.5
21	安徽建筑工业学院	2008.5～2013.5	2008.5
22	武汉理工大学	2009.5～2014.5	2009.5
23	北京交通大学	2009.5～2014.5	2009.5
24	郑州航空工业管理学院	2009.5～2014.5	2009.5
25	天津城市建设学院	2009.5～2014.5	2009.5
26	吉林建筑工程学院	2009.5～2014.5	2009.5
27	兰州交通大学	2010.5～2015.5	2010.5
28	河北建筑工程学院	2010.5～2015.5	2010.5
29	中国矿业大学	2011.5～2016.5	2011.5
30	西南交通大学	2011.5～2016.5	2011.5
31	华北水利水电学院	2012.5～2017.5	2012.5
32	三峡大学	2012.5～2017.5	2012.5
33	长沙理工大学	2012.5～2017.5	2012.5

值得一提的是，评估委员会于 2002 年 4 月与英国特许建造学会（CI-OB）共同签署了《工程管理专业学士学位评估互认协议》（图 5-4）。协议明

图 5-4　中英工程管理专业教育评估

互认协议签字仪式

确"本协议为双方提供一个协调教育标准和鼓励共同发展的机会，目的是相互确认接受由中国建设部高等教育工程管理专业评估委员会评估通过的工程管理专业学士学位和英国 CIOB 评估通过的工程管理专业学士学位，并认为由双方各自评估通过的学位符合中国注册建造师（未来）的资格及英国 CIOB 会员资格的专业教育要求。本协议涵盖专业包括已被双方评估通过的专业、将要被评估或将要被重新评估的专业"。2006 年 7 月，评估委员会与美国建设工程教育委员会（ACCE）也签署了上述协议。我国工程管理专业毕业生的学历学位得到英国、美国权威机构的认可，标志着我国工程管理行业和学科建设在国际化方面取得突破性进展。

第二节 工程管理专业培养目标与专业方向

一、工程管理专业培养目标

工程管理专业培养适应社会主义现代化建设需要，德、智、体、美全面发展，具备由土木工程技术知识，以及由管理、经济和法律等专业知识组成的系统的、开放性的知识结构，全面获得工程师基本训练，同时具备较强的实践能力、创新能力，具备健康的个性品质和良好的社会适应能力，能够在国内外土木工程及相关领域从事建设工程全过程管理的高素质、复合型人才。

要达到培养目标的要求，工程管理专业毕业生应具有以下方面的知识和能力。

□ 掌握土木工程技术知识、相关的管理理论和方法、相关的经济理论和相关的法律法规知识；

□ 具备综合运用上述理论、知识和方法从事国内、国际建设工程的技术管理、专业管理、综合管理和全过程管理的基本能力；

□ 具备进行一般土木工程设计的基本能力；

□ 具备对工程管理专业外语文献进行读、写、译的基本能力；

□ 具备运用计算机辅助解决工程管理相关问题的基本能力；

□ 具备初步的科学研究能力；

□ 具备健康的个性品质和良好的社会适应能力；

□ 了解国内外工程管理领域的理论与实践的最新发展动态与趋势。

作为其他专业学生的辅修专业，工程管理专业的培养目标和毕业生知识、能力要求为：通过辅修工程管理专业，具备工程项目管理、工程经济学、建设法规、建设工程合同管理、工程估价以及基本的土木工程技术知识，熟悉现代管理科学的理论、方法和手段，了解建设工程决策以及全过程管理的相关环节并具备一定的建设工程管理实践能力。

□ 熟悉工程项目管理的基本知识；

□ 熟悉与建设工程相关的工程经济学基本知识；

□ 熟悉建设法规、建设工程合同管理、工程估价的基本知识；

□ 具备一定的建设工程管理实践能力。

作为其他专业学生的第二专业，工程管理专业的培养目标和毕业生知识、能力要求为：通过修读作为第二专业的工程管理专业，具备工程项目管理、工程经济学、建设法规、建设工程合同管理、工程估价以及土木工程技术知识，熟悉现代管理科学的理论、方法和手段，熟悉建设工程决策以及全过程管理的相关环节并具备基本的建设工程管理实践能力。

□ 掌握工程项目管理的基本知识；

□ 掌握与建设工程相关的工程经济学基本知识；

□ 掌握建设法规、建设工程合同管理、工程估价的基本知识；

□ 具备基本的建设工程管理实践能力。

二、工程管理专业方向

依据工程管理过程中不同阶段工作比重（图5-5）的差异，目前工程管

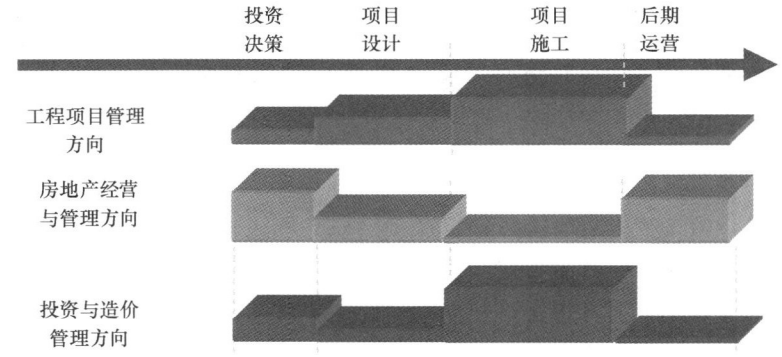

图 5-5   不同专业方向在工程管理实践中的工作比重

理设工程项目管理、房地产经营与管理、投资与造价管理、国际工程管理及物业管理等五个相关专业（专业方向），其课程设置和教学侧重有一定差异。

（一）工程项目管理方向

工程项目管理方向的毕业生主要适合于从事工程项目的全过程管理工作。该方向毕业生初步具有进行工程项目可行性研究，一般土木工程设计，工程项目全过程的投资、进度、质量控制及合同管理、信息管理和组织协调的能力。

（二）房地产经营与管理方向

房地产经营与管理方向的毕业生主要适合于从事房地产项目的定位策划、总体规划与创新设计，以及房地产开发与经营管理的日常工作。该方向毕业生初步具有分析和解决房地产经济理论问题及房地产项目的开发与评估、房地产市场营销、房地产投资与融资、房地产估价、物业管理和房地产行政管理的能力。

（三）投资与造价管理方向

投资与造价管理方向的毕业生主要适合于从事项目投资与融资及工程造价全过程管理工作。该方向毕业生初步具有项目评估、工程造价管理的能力，初步具有编制招标、投标文件和投标书评定的能力，初步具有编制和审核工程项目估算、概算、预算和决算的能力。

（四）国际工程管理方向

国际工程管理方向的毕业生主要适合于从事国际工程项目管理工作。该方向毕业生初步具有国际工程项目招标与投标、合同管理、投资与融资等全过程国际工程项目管理的能力及较强的外语应用能力。

国际工程管理方向在技术、经济、管理平台上与工程管理专业并没有太大的区别。对其专业方向应强调其面向国际建筑市场的特点，通过开设例如《FIDIC 合同条件》、《国际工程项目管理》、《国际工程合同管理》等课程，以加强该专业方向学生适应国际市场的能力。

（五）物业管理方向

物业管理方向的毕业生主要适合于从事物业管理工作。该方向毕业生初步具有物业的资产管理和运行管理的能力，包括物业的财务管理、空间管理、设备管理和用户管理能力，物业维护管理及物业交易管理能力。

就教学工作实践和毕业生反馈的信息看，目前工程管理在专业方向划分方面尚不够明晰和准确，客观上存在培养方向重叠、知识结构相似、就业领域交叉的状况。实现工程管理各相关专业的合理划分，加强专业建设的特色，突出专业教育的特有知识面，强化各专业的就业竞争优势，关系到工程管理专业及其相关专业方向未来的发展。建立明确的专业（专业方向）划分标准，解决目前工程管理相关专业（专业方向）培养目标重叠、就业领域交叉的问题，必须从专业人才培养循环链的源头寻找思路。要明确工程管理相关专业划分以及相应的专业知识体系的构架，必须明确工程管理各相关专业在工程建设全过程中的主要就业领域和工作内容。

另外，在考虑专业划分、突出专业特色时，应与行业的执业资格认证密切联系，注意将执业资格考试测试的知识点纳入专业教育的核心知识体系中。

第三节　工程管理专业课程体系与教学安排

一、工程管理专业教学体系

我国高等学校工程管理专业指导委员会（以下简称专业指导委员会）根据工程管理专业培养目标和毕业生知识、能力要求，就工程管理学科的课程体系建设提出了四个知识平台的思想，即技术平台、经济平台、管理平台和法律平台，并为此推荐了各个平台应该设置的课程，形成了以公共基础课、专业平台课、专业方向课、毕业实习和毕业设计为主轴的课程体系（图5-6）。

（一）公共基础课程

公共基础课大多在大学一年级和二年级开设，主要包括《大学英语》、

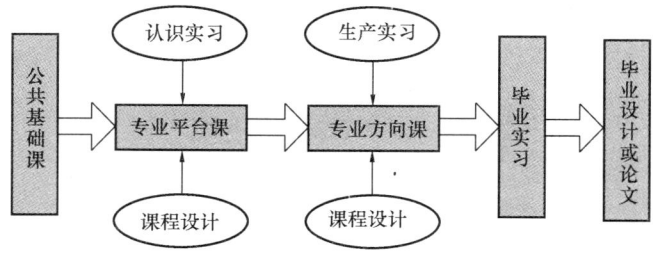

图5-6　工程管理专业课程体系

《高等数学》、《线性代数》、《概率论与数理统计》、《计算机基础》、《军事理论》、《中国近现代史纲要》、《毛泽东思想、邓小平理论和"三个代表"重要思想概论》、《新生研讨课》和《体育》等课程。

公共基础课的作用除了使学生掌握必要的基础知识，为将来的专业平台课程和方向课程学习创造条件外，更为重要的是帮助学生尽快完成由高中到大学学习方式的转型。

（二）专业平台课程

专业平台课依据工程管理行业的四个支撑平台而构建，分为技术类、管理类、经济类和法律类四类课程。平台课程旨在培养学生在将来从事工程管理职业时所必需的技术、管理、经济和法律基本理论和技能。

（三）专业方向课程

工程管理专业下设工程项目管理、房地产经营与管理、投资与造价管理、国际工程管理和物业管理五个专业方向。各个专业方向均增设一定课时的专业方向课程。

工程项目管理方向包括《工程合同管理》、《工程地质与地基基础》、《工程项目管理（二）》、《建设项目评估》等课程。

房地产经营与管理方向包括《房地产经济学》、《房地产估价》、《房地产开发》和《房地产市场营销》等课程。

投资与造价管理方向包括《工程造价管理》、《工程估价（二）》、《项目投资与融资》等课程。

国际工程管理方向包括《国际工程承包》、《国际贸易与金融》、《国际经济合作法律基础》、《国际工程合同管理》等课程。

物业管理方向包括《物业资产管理》和《物业运行管理》等课程。

此外，学生还应在文学、艺术、历史哲学、自然科学基础、社会科学基础、生态环境等文化素质选修课程中选修规定学分的课程。

二、工程管理专业教学进程安排

按照工程管理专业培养目标和教学计划的要求，工程管理专业教育涵盖入学军训、理论教学、实验实习、课程设计、毕业设计、考试考核和毕业招聘多个环节。工程管理专业各环节的时间安排及教学进程见表5-7。

工程管理专业各环节时间安排及教学进程　　　　　　表 5-7

学年	学期	教学进程（周）																				
		1	2	3	4	5	6	7	8	9	10	11	12	13	14	15	16	17	18	19	20	21
一	1	※	※	※	※	※	→	→	→	→	→	→	→	→	→	→	→	→	→	→	&	&
	2	→	→	→	→	→	→	→	→	→	→	→	→	→	→	√	√	○	&	&	&	&
二	3	→	→	→	→	→	→	→	→	→	→	→	→	→	→	→	→	○	○	&	&	&
	4	→	→	→	→	→	→	→	→	→	→	→	→	→	→	→	→	○	○	&	&	&
三	5	→	→	→	→	→	→	→	→	→	→	→	→	→	→	→	○	○	○	&	&	&
	6	→	→	→	→	→	→	→	→	→	→	→	→	○	○	○	○	○	○	&	&	&
四	7	→	→	→	→	→	→	→	→	→	→	→	→	→	→	→	→	→	→	→	&	
	8	√	√	→	→	/	/	/	/	/	/	/	/	/	/	/	/	/	/	/	△	△

注：→理论教学　√实习　○课程设计　/毕业设计　&考试　※入学军训　△毕业招聘

三、工程管理专业实践教学环节

工程管理专业的实践教学环节由实习、课程设计、专业试验和毕业设计（毕业论文）构成。专业指导委员会推荐的工程管理专业指导性培养方案对实践性教学环节的方式和时间予以规定（表 5-8）。

工程管理专业实践性教学环节的方式和时间　　　　　表 5-8

实践教学方式	实践教学时间安排
工程测量实习	1 周
房屋建筑学课程设计	2 周
工程结构课程设计	2 周
建筑施工技术实习	1 周
建筑施工技术课程设计	1 周
各方向相关的课程设计与实习	不超过 6 周
生产与管理实习	4 周
毕业实习	4 周
毕业设计或论文	10 周

实践（教学）环节的教学应按照教学实习工作规程及实习教学大纲，本科课程设计管理办法及课程设计教学大纲、任务书或指导书，毕业设计（论文）管理办法及毕业设计（论文）相关教学指导性文件（包括任务书、指导书、开题报告等）的具体要求实施。另外，在教学的全过程中应根据实际需

要安排一定数量的学时，聘请工程界、实业界有关专家进行专题讲座或与学生进行专题研讨，以增强学生对相关专业实际发展状况的了解。

（一）实习

实习分为课程实习、生产实习和毕业实习。

1. 课程实习

课程实习是任课教师结合课程主要内容以工程建设项目实地参观、现场讲解为主要形式，并辅之以专题教学录像片播放等手段的教学活动。课程实习的成绩一般根据学生的实习报告评定。

2. 生产实习和毕业实习

目前，较多采用学生自主联系实习单位的方式开展生产实习和毕业实习。实习完成后学生提交实习报告，参加生产实习和毕业实习答辩，学生的实习成绩由实习报告和实习日记成绩、实习单位鉴定成绩及答辩成绩组成。

（二）课程设计

工程管理专业的所有核心专业课程和重要的土木工程类技术课程均设置了课程设计实践教学环节。学生根据课程设计教学大纲、课程设计任务书和指导书的要求进行课程设计，指导教师根据学生提交的课程设计作业评定成绩。

（三）教学实验

工程管理专业目前开设的实验项目为设计性、综合性实验和极少量的验证性实验表 5-9 为工程管理专业部分课程实验。学生按照教学实验大纲、实验指导书和实验报告的规范和要求完成实验报告，实验报告成绩按一定比例计入课程总成绩，实验成绩不合格的学生将丧失课程考试资格。

工程管理专业部分课程实验　　　　　**表 5-9**

序号	课程名称	实验项目名称
1	运筹学	工程项目的决策树决策方法
2	建筑技术经济学（工程经济学）	电子表格 EXCEL 在经济评价模型、不确定性分析模型中的应用
3	工程项目管理	工程项目管理组织结构设计
4	工程财务管理	某上市公司财务分析与评价
5	系统工程	工程项目的系统要素分析

续表

序号	课程名称	实验项目名称
6	建设项目风险管理	某建设项目工程成本风险控制计划书编制
7	房地产市场营销	某城市房地产市场调查
8	房地产项目风险管理	房地产项目开发风险控制计划书编制
9	物业管理	物业管理制度设计
10	基础会计学	企业基本经济业务核算
11	统计学	数据的统计描述
12	电算化财务	用 Excel 实现固定资产折旧处理
		用 VISUAL BASIC 实现工程费用分摊
13	审计学	年度会计报表审计工作底稿的编制
14	财务案例与分析	上市公司财务报表分析
15	房地产开发与经营管理	房地产项目报批模拟
16	建筑工程概预算软件	建筑工程概预算软件应用
17	金融与资本市场	某证券投资基金运行绩效评价
18	管理信息系统	学生成绩管理子系统构建与应用
19	工程建设信息管理	国外工程项目管理软件、国内工程项目管理软件演示视频资料学习、房地产开发与经营管理软件、管理信息集成平台软件
20	房地产评估	运用电子表格 Excel 中的求解工具软件包求解成本估价模型，计算还原利率并求解收益还原估价模型，计算开发期限、未来房地产价格、相关费用及开发商利润

（四）毕业设计

工程管理专业的毕业设计内容有效覆盖了绝大部分专业基础课程和专业课程所涉及的相关知识和技术，时间安排较长、内容具有一定的深度和广度，对毕业生专业综合能力的训练强度大，能够较好地培养毕业生的实践能力、创新意识与能力和合作共事的团队精神。

1. 总体要求

工程管理本科所有专业方向均要求以真实的大中型工程建设项目或房地产开发项目为背景进行毕业设计。以大中型工程建设项目的招标或投标文件编制、大中型房地产开发项目全程策划等为毕业设计主要内容。

学生独立完成相关设计任务并提交设计报告（论文）。毕业设计的时间长度为 14 周。

2. 毕业设计选题

工程管理专业毕业生的毕业设计均选择在建的或拟建的大、中型工程建设项目作为基础背景资料。通过更换项目所在地模拟国际工程建设项目作为国际工程管理专业方向学生的毕业设计课题。同时，每年均更换作为毕业设计课题基础背景资料的工程建设项目。

工程管理专业房地产经营管理专业方向的毕业设计一般只给出设计要求，相关资料获取、建设手续办理、开发项目定位策划、开发方案设计、营销策划等房地产开发的所有环节均由学生在教师指导下独立完成。

3. 毕业设计的指导与组织

工程管理专业毕业生的毕业设计采用毕业设计指导组集体统一安排、分阶段具体指导的模式，由毕业设计指导组负责毕业设计全过程的指导，相关专业指导教师组成专业指导小组分阶段实施指导。

毕业生根据不同的工程建设项目或者房地产开发项目组成毕业设计小组进行毕业设计，每个小组成员都有具体任务，同时也必须熟悉其他成员的任务内容及其与自己负责内容的相互关系。学生毕业设计小组的工作由组长进行统一安排。毕业设计所需的所有相关资料、工作环境与设施、设备及工具均应由学校提供。

4. 毕业设计的质量保证

毕业设计指导组负责毕业设计全过程的指导工作，相关专业教师随毕业设计进程对学生进行分阶段指导并根据毕业设计进程要求对阶段性设计成果进行检查考核，必要时组织阶段性答辩。指导教师和学生必须严格遵循毕业设计考勤制度和成绩评定制度。

5. 毕业设计成绩评定

学生的毕业设计成绩由指导教师评阅成绩、其他教师交叉评阅成绩、答辩小组评定成绩三个部分构成，答辩委员会最终评定学生的毕业设计成绩。

为进一步强化学生实践能力的培养，在努力完善实验、实习等教学环节的同时，全国多所高校围绕拓展学生技能培养途径进行了积极有效的尝试。

例如重庆大学建设管理与房地产学院与知名房地产企业中海地产联合成立了"重庆大学——中海地产职业发展研习中心"（图 5-7）。这是学校教育机构与建筑业优秀企业开展合作教育的实践与创新，旨在创新优化人才培养模式，拓展学生视野，提高本科学生的就业竞争力。该项目是我国首例由高校和企业联合施行资格认证的培养实践项目，结业学生将获得由重庆大学与中海地产联合颁发的职业发展认证书。这一合作教育模式的推行，对于进一步形成工程管理专业教育特色，突出工程管理专业优势将产生积极的推动作用。

图 5-7　重庆大学-中海地产职业发展研习中心开幕式

第四节　工程管理专业课程设置与主要课程介绍

根据全国高等学校工程管理学专业指导委员会制定的教学大纲和推荐的课程设置方案，工程管理专业开设《工程力学》、《工程施工》等技术类课程；《工程项目管理》、《工程估价》等管理类课程；《经济学》、《金融与保险》等经济类课程以及《经济法》、《建设法规》等法律类课程。在专业课程设置方面，各高校可以结合其培养目标和方向的具体要求，有针对性地设置。下面主要介绍专业指导委员会推荐的课程设置及课程内容。

一、技术类课程

工程管理的核心工作是建筑产品的开发和生产的组织管理。从项目投资决策、设计到施工生产无不涉及技术问题。生产要素的优化配置首先是技术的优化配置，并且是针对每个具体项目（产品）来实现的，因此，管理者的技术素质至关重要。

工程技术类课程包括《土木工程概论》、《工程制图》、《建筑材料》、《工程测量》、《工程力学》、《房屋建筑学》、《工程结构》、《城市规划》、《工程施工》和《建筑设备概论》、《建筑信息模型（BIM）概论》等。技术类课程理论教学和实践环节的课时安排及开设先后顺序见图5-8和图5-9。

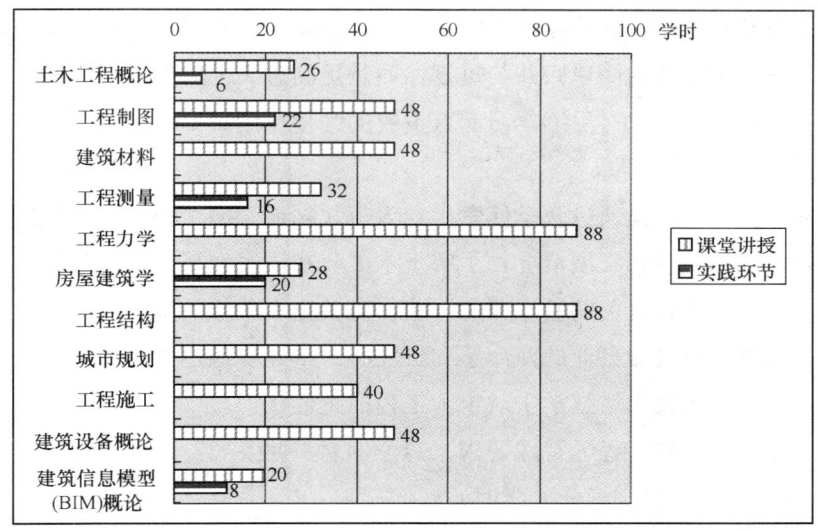

图 5-8　工程管理专业技术类课程课时表

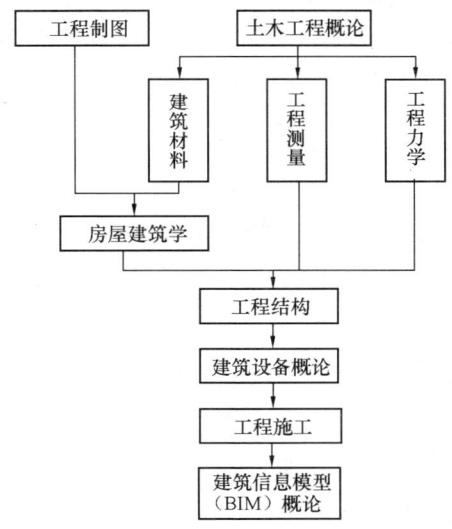

图 5-9　工程管理技术类课程体系

（一）土木工程概论

1. 课程设置的必要性

1998 年教育部颁布了新的本科土木工程专业目录，新目录的颁布使我国普通高等学校的土木工程专业正式规范于"大土木"的框架。如今的"大土木"包括了原来的建筑工程专业、交通土建工程、矿井建设、城镇建设、工业设备安装工程、涉外建筑工程等专业，但新的土木工程专业并不是以前土木工程相关专业的简单归并与重复，而是更高意义上的整合与扩展。了解土木工程的基本常识对后续学习起着重要的铺垫作用。

2. 教学目的及要求

本课程的目的是通过教学使学生在入学之初就全面了解土木工程所涉及领域的内容、成就和发展情况，了解土木工程在国民经济建设中的地位和作用，了解土木工程有关的基本概念，获得有关土木工程的感性认识，建立对土木工程建设与管理事业的使命感和责任心。本课程通过参观具有代表性的工程，组织现场教学增强学生对土木工程的感性认识。

本课程的先修课程无特殊要求。总学时数一般为 32 学时（其中课堂讲授 26 学时，现场参观教学 6 学时）。

3. 课程主要内容

绪论　土木工程的基本内容及其在我国国民经济建设中的作用和地位。

土木工程发展简介　土木工程发展简史，土木工程现阶段的状况和达到的水平。

土木工程的要素　地形，地质，荷载，材料，基本构件和基本受力状态，正常使用和失效，基本结构体系。

土木工程设施　房屋工程（含特种构筑物），桥梁工程，道路工程，铁路工程，隧道及地下工程，海洋工程，水利工程，港口工程，给排水工程，环境工程。

工程灾害和设防　地震灾害和设防，火灾和设防，虫灾和设防，工程事故概述。

土木工程的建设程序及其管理　工程建设的一般程序，工程勘察、设计的一般程序，工程施工的一般程序和管理，使用中的物业管理与维护。

土木工程主要施工方法　土方工程，砌筑工程，钢筋混凝土工程，吊装工程，隧道施工工程，装饰工程。

土木工程中的经济、环境和法律问题 土木工程产品的价格、成本和利润，土木工程的技术经济问题（设计方案、结构形式、材料、施工方法对造价的影响），土木工程中的法律问题和建设法规简介。

土木工程的展望 建筑材料向高性能、多品种、资源的合理利用和组合利用方向发展，土木工程向更高、更深、更快的方向发展，发展节能的、可持续性的土木工程，大力发展计算机技术在土木工程中的应用，土木工程建设管理法规和建造技术的根本改革。

（二）工程制图

1. 课程设置的必要性

工程图样是表达设计思想的主要工具，也是进行生产制造或施工建造的重要依据。因此，工程图样在生产实践中起着表达和交流技术思想的作用，被认为是工程界的"技术语言"和"工程师的语言"，每个工程技术人员必须能够熟练地绘制和阅读工程图样。具有工程制图的基本知识和技术方法是从事工程管理工作的必要条件。

2. 教学目的及要求

本课程的目的是通过教学使学生掌握投影法的基本理论及其应用，具备对三维形状与相关位置的空间逻辑思维和形象思维能力、空间几何问题的图解能力、绘制和阅读土木建筑工程图样的初步能力和利用计算机生成图形的初步能力。

本课程的实践环节包括制图作业，计算机绘图及图形生成上机实习和参观典型工程等。先修课程无特殊要求。总学时数一般为 70 学时（其中课堂讲授 48 学时，制图作业课 14 学时，上机实习 6 学时，典型工程参观 2 学时）。

3. 课程主要内容

绪论 本课程的地位、性质、任务，本课程的内容和学习方法，投影的概念及其分类，土木建筑工程中常用的投影图，画法几何及土木建筑工程制图的发展史和发展方向。

画法几何 点，直线，平面，直线与平面以及两平面的相对位置，投影变换，曲线、曲面和立体，平面、直线与立体相交，两立体相交，轴测投影，标高投影。

制图基础　制图的基本知识和基本技能，组合体投影的画法、读法和尺寸标注法，工程形体的表达方法，第三角画法。

土木建筑工程专业图　钢筋混凝土构件图，钢结构构件图，房屋建筑施工图，房屋结构施工图，给水排水施工图，道路、桥梁、涵洞、隧道工程图。

计算机绘图基础　计算机绘图概述，计算机绘图系统，交互式计算机绘图软件（AutoCAD）。

（三）工程测量

1. 课程设置的必要性

测量学主要任务包括测定和测设两个方面。测定是使用测量仪器和工具、通过测量和计算将地球表面的各种物体的位置按一定的比例尺缩小绘制成地形图，供科学研究、国防和工程建设规划设计使用。测设是将地形图上设计出的工程建筑物和构筑物的位置在实地标定出来，作为施工的依据，也称施工放样。

在工程开始施工前，工程技术人员通过测量把施工图纸上的建筑物在实地进行放样定位以及测定控制高程，为下一步的施工提供基准；在基础施工阶段，借助测量完成墙柱平面放线、建筑物垂直度控制、主体标高控制、楼板、线条、构件的平整度控制等；在装饰装修阶段，测量工作的主要内容是室内外地面标高控制，墙装饰垂直度控制，局部构件、线条的施工放线，内墙装饰平整度、垂直度测量等工作；在运营期间，工程测量工作包括基础边坡的位移观测，建筑物主体的沉降观测，高层建筑物的水平位移观测等。工程测量精度的高低直接影响着工程建设项目（建筑物）的质量等级、结构、安全以及内外部造型和建成后的使用功能等。《工程测量》课程的教学是培养学生掌握工程测量相关知识和技能的重要途径。

2. 教学目的及要求

本课程的目的是通过教学使学生掌握工程测量的基础理论、基本技能，掌握常规测量仪器的操作技能和工程测量基本方法，了解测量新技术在土木工程施工测量中的应用并在测绘地形图，地形图应用和土木工程施工测量等方面得到系统的基础训练，具备正确使用常规测量仪器和工程测量的技术、方法进行土木工程施工测量的基本能力。

本课程的实践环节主要为开设实验课,进行水准测量、角度测量、距离丈量和直线定向、小地区控制测量、测设基本技术的实际测设实践。课程结束后,可集中安排1~2周的综合测量课程实习。

本课程的总学时数为48学时(其中课堂讲授32学时、实验16学时),先修课程为《土木工程概论》。

3. 课程主要内容

绪论 测量学的意义、任务及作用,地球形状和大小,大地水准面、水准面、水平面和竖直面,地面点的平面位置(点的地理坐标、高斯平面直角坐标和独立坐标),点的高程(绝对高程、相对高程),确定点位的基本元素和测量的基本工作,测量工作的原则和程序。

水准测量 水准测量的原理,水准测量仪器及工具,水准仪的使用,水准点,水准路线,水准测量施测、记录和计算,水准测量误差及注意事项,水准测量成果计算,微倾水准仪的检验和校正,自动安平水准仪的基本原理和使用方法,精密水准仪的读数方法。

角度测量 水平角、竖直角的测量原理,角度测量仪器、光学经纬仪、电子经纬仪的使用,水平角和竖直角的测量方法,经纬仪的检验,角度测量的误差分析。

距离丈量与直线定向 钢尺量距的一般方法和精密方法,钢尺检定,激光测量距仪的简介,直线定向及直线磁方位角的测定,全站仪测距、测角方法。

测量误差基本知识 测量误差,测量误差分类(系统误差、偶然误差及其性质),评定精度的标准(中误差、容许误差和相对误差),误差传播定律及其应用,观测值的算术平均值,算术平均值中误差,用观测值的改正数计算观测值中误差。

地形图的基本知识 地物,地貌,地形图,地图,地形图的比例尺、图号、图名和图廓,地物符号和地貌符号——等高线。

控制测量 控制测量概述,导线测量外业,导线坐标计算,小三角测量外业,小三角测量内业计算,经纬仪前方交会法定点,高程控制测量(四等水准测量、图根水准测量、三角高程测量),GPS定位原理、系统构成及定位方法，GPS 控制测量。

大比例尺地形图的测绘 绘制坐标格网，展绘控制点，视距法测定平距和高程，水平板仪的构造与使用，碎部测量方法，地形图绘制，地形图的检查、清绘和整饰，航空摄影测量。

地形图应用 地形图识读，地形图应用的基本内容土地平整中的地形图应用，城市用地的地形分析，建筑设计、城市规划中的地形图应用，土地面积计算。

测设的基本工作 水平距离、水平角度和点高程的测设，点的平面位置测设，已知坡度线的测设。

土木工程测量 建筑场地施工控制网的概念，民用建筑与工业厂房施工测量，高层建筑施工测量，建筑物沉降观测与倾斜观测，竣工总平面图的编绘，建筑物位移实时监测，激光定位技术在施工测量中的应用，道路工程测量。

（四）建筑材料

1. 课程设置的必要性

建筑材料是建筑物的基本组成部分，材料是基础，材料决定了建筑形式和施工方法。新材料的出现，可以促使建筑形式的变化、结构设计和施工技术的革新。建筑材料的质量、性能的好坏，直接影响建筑物的质量和安全，一旦因建筑材料及相关工艺发生质量事故，补救和处理都较为困难，造成工程建设的重大经济损失。良好地掌握《建筑材料》基本知识是从事工程管理工作的基本要求。

2. 教学目的及要求

本课程的目的是通过教学使学生掌握工程建设活动中常用建筑材料的基本组成、技术性能、质量检验程序及方法和使用方法，掌握合理选择和正确使用建筑材料的基本方法，具备根据工程建设项目的特点、要求合理选择和正确使用建筑材料的基本能力。

本课程建议总学时数为 48 学时，先修课程为《土木工程概论》。

3. 课程主要内容

绪论 建筑材料的分类，建筑材料的发展简史，建筑材料的发展前景，发展具有资源可再生性和资源、环境可持续发展性的建筑材料。

材料的基本性质 材料的组成、结构和构造，材料的基本物理性质，材料的基本力学性质及材料的耐久性。

气硬性无机胶凝材料 石膏的生产过程，建筑石膏的成分、技术性质和应用，其他石膏种类，石灰的生产过程，石灰的熟化与硬化，石灰的技术性质及应用，其他气硬性材料的技术性质及应用。

水泥 硅酸盐水泥的生产、矿物组成、水化特性、技术性质及应用，常见水泥石的腐蚀原因及相应的防腐蚀措施，掺混合材料的硅酸盐水泥的特性及其各自适用的情况，其他水泥品种。

混凝土 混凝土的组成材料及其技术要求、主要技术性质，混凝土质量控制的常用方法，混凝土的配合比设计，混凝土外加剂的分类及常用的混凝土外加剂、掺合料，其他混凝土品种。

建筑砂浆 建筑砂浆的分类，砌筑砂浆的组成及性质，抹面砂浆的种类及其制作。

墙体材料和屋面材料 砖的分类，烧结砖、蒸养砖的生产过程、应用及相关的技术性能指标，常用墙体板材的组成及相关技术指标，屋面材料。

建筑钢材 钢的分类，钢的冶炼、加工对钢材质量的影响，建筑钢材的力学性能，建筑钢材的标准与选用，建筑钢材的锈蚀及防锈措施，钢材的冷加工及时效强化，钢材的热处理和焊接。

木材 木材的分类及构造，木材的化学、物理、力学性质，木材的干燥、防腐、防火，木材的应用。

沥青材料及制品 石油沥青的组成及主要技术性质，煤沥青、橡胶等的性质与选用，防水卷材的性能，各类防水卷材的特点及适用范围，防水涂料及建筑密封材料。

建筑塑料 建筑塑料的性能及其组成成分，常用建筑塑料的特性与用途，建筑中常用的建筑塑料制品，胶粘剂的组成、胶粘机理及建筑中常用的胶粘剂。

装饰材料 装饰材料的基本要求及选用，常用建筑装饰材料。

绝热及吸声、隔声材料 绝热材料的作用机理、性能，常用建筑绝热材料及其性能，常用建筑吸声材料的类型及其结构形式，建筑隔声材料的选用。

（五）工程力学

1. 课程设置的必要性

在纷繁复杂的大自然和我们日常的工作、生活中，许许多多的常见现象都蕴含着深刻的力学原理。麦秸和竹竿等众多植物体所具有的圆形空心截面，表明植物体在漫长的进化过程中演变形成的抗弯、抗失稳结构，体现了物竞天择的自然规律。享誉中外的重庆市境内的大足石刻中，华严三圣像之一的文殊菩萨石像高达 7m，手托重近千斤的宝塔，历经八百余年不坠，正是巧妙地运用了袈裟支撑手臂的力学原理。学习《工程力学》课程可以使我们依据力学原理及方法认识、掌握和解决工程实践中的力学现象和相关问题。

2. 教学目的及要求

本课程的目的是通过教学使学生对力的平衡，杆件基本变形情况下的应力与应变、强度、刚度及稳定性，疲劳与断裂破坏等问题建立明确基本概念，具有必要的基本理论知识、分析能力、实验能力和比较熟练的计算能力。同时，培养科学思维方法，尤其是研究型思维。

本课程的建议总学时数为 88 学时。

3. 课程主要内容

绪论　什么是力学，力学发展简史，力学与工程，学科分类，基本概念与基本方法。

刚体静力学基本概念与理论　力，力偶，约束与约束反力，受力图，平面力系的平衡条件。

静力平衡问题　平面力系的平衡问题，含摩擦的平衡问题，平面桁架，空间力系的平衡问题。

变形体静力学基础　变形体静力学的一般分析方法，基本假设，内力、截面法，杆件的基本变形，杆的轴向拉伸和压缩，一点的应力和应变，变形体静力学分析，应力集中的概念。

材料的力学性能　概述，低碳钢拉伸应力-应变曲线，不同材料拉伸压缩时的机械性能，真应力、真应变，应力-应变曲线的理想化模型，不同材料模型下力学问题的分析。

强度与连接件设计　强度条件和安全系数，拉压杆件的强度设计，剪切及其实用计算，挤压及其实用计算，连接件的强度设计。

流体力容器　流体的特征及其主要物理性能，静止流体中的压强，作用在壁面上的流体力，薄壁容器的强度。

圆轴的扭转　扭转的概念和实例，扭矩与扭矩图，圆轴扭转时的应力和变形，圆轴扭转时的强度条件和刚度条件，静不定问题和弹塑性问题。

梁的平面弯曲　用截面法作梁的内力图，利用平衡微分方程作梁的内力图，平面弯曲梁的应力，梁的变形，弯曲静不定问题和弹塑性问题简介。

强度理论与组合变形　应力状态分析，强度理论简介，组合变形。

压杆的稳定　稳定的概念，两端铰支细长压杆的临界载荷，不同支承条件下压杆的临界载荷，中小柔度杆的临界应力，压杆的稳定计算。

疲劳与断裂　疲劳破坏及其断口特征，S-N 曲线及疲劳裂纹萌生寿命预测，断裂失效与断裂控制设计，da/dN-K 曲线及疲劳裂纹扩展寿命。

（六）房屋建筑学

1. 课程设置的必要性

《房屋建筑学》是研究房屋的构造组成、构造原理和构造方法的误程。在按照一定的功能要求和造价约束建造的房屋里，平面空间如何划分更加合理？墙与梁、柱如何连接在一起能更加有效地承受重量？安门镶窗如何才能既方便使用又美观？《房屋建筑学》课程将从房屋构造的基本原理、要求及方法等方面回答这些问题，为从事工程管理工作提供技术方法和依据。

2. 教学目的及要求

本课程的目的是通过教学使学生掌握建筑设计程序、建筑设计的基本原理与基本方法、建筑构造原理和建筑各组成部分构成的基础知识，具备进行一般民用房屋建筑设计的基本能力。同时，应结合工程管理专业的特点和培养要求，将建筑设计、建筑构造的基本原理、方法及应用与建筑设计活动的经济效益和建筑可持续发展有机结合起来，培养学生从更高的层次上对建筑设计活动进行管理、控制的基本能力。

本课程的实践环节主要是建筑施工图设计及建筑设计 CAD 技术的使用，要求在一个特定项目（民用住宅或公共建筑）初步设计的基础上，进行建筑施工图设计，包括绘制各层平面图、主要立面及侧面图和剖面图，编写设计说明。本课程总学时数为 48 学时，其中实践环节 20 学时。先修课程为《工程制图》和《建筑材料》。

3. 课程主要内容

绪论 建筑的含义，建筑发展简史，建筑的分级与分类，建筑统一模数制，建筑方针——"适用、经济、美观、安全"，经济合理性在建筑构造中的重要性。

建筑设计简论 建筑设计分类及内容，建筑设计依据，建筑设计在工程建设程序中的地位及其与工程建设程序中其他阶段和环节的相互关系，建筑设计阶段。

民用建筑设计初步 建筑各组成部分的平面设计，建筑平面的组合形式，建筑空间的组合形式，建筑剖面设计，建筑体型及立面设计，建筑平面设计与空间组合的技术经济观。

民用建筑构造概论 民用建筑构造概述，建筑物的结构类型，影响建筑构造的因素，建筑构造设计原则和原理。

墙与基础 墙与基础概述，砖墙构造，隔墙构造，墙面装修，基础，可持续发展住宅体系。

楼板面与地面 楼板面构造，地面构造，阳台构造，雨篷构造。

楼梯 楼梯概述，钢筋混凝土楼梯构造，电梯与自动扶梯，室外台阶构造。

屋面 屋面概述，平屋面，坡屋面。

门和窗 木门构造，木窗构造，钢门、钢窗构造，遮阳措施，其他类型门窗构造特点，门、窗材料的发展趋势及其对门、窗构造的影响。

（七）工程结构

1. 课程设置的必要性

工程结构是指房屋、桥梁、涵洞、隧道和挡土墙等建筑物和构筑物中的承重骨架。为了抗御地球引力、气流冲击、地基沉降、温度变化等因素和人类生产、生活活动的影响，人类所建造的所有建筑物、构筑物必须具有与其承受的荷载相适应的结构体系。《工程结构》课程是工程管理者认识、理解、掌握工程结构体系的重要途径。

2. 教学目的及要求

本课程的目的是通过本课程的教学使学生掌握工程结构的基本理论和实用设计方法，具备根据建筑（土木）工程项目的特点、性质、功能和业主的要求正确、合理地进行工程结构设计的基本能力。

本课程的实践环节为现浇单向板肋梁楼盖设计。

本课程建议总学时数为88学时，先修课程为《房屋建筑学》和《工程力学》。

3. 课程主要内容

绪论 混凝土结构、砌体结构的一般概念及特点，混凝土结构、砌体结构的发展简况及其应用。

钢筋混凝土材料的力学性能 钢筋的力学性能，混凝土的力学性能，钢筋与混凝土的粘结。

混凝土结构的基本设计原则 极限状态，我国混凝土结构设计规范所采用的设计表达式，荷载的分类及其标准值，材料强度的标准值与设计值。

轴心受力构件的承载力计算 轴心受压构件的承载力计算，轴心受拉构件的承载力计算。

受弯构件正截面的承载力计算 混凝土受弯构件破坏试验研究分析，受弯构件正截面承载力的计算，单筋矩形截面受弯构件的承载力计算，双筋矩形截面受弯构件的承载力计算，T形截面受弯构件的承载力计算。

受弯构件斜截面的承载力计算 概述，无腹筋梁的抗剪性能，有腹筋梁的抗剪性能，无腹筋梁和有腹筋梁斜截面受剪承载力计算，连续梁的抗剪性能及斜截面受剪承载力计算，保证受弯构件斜截面受剪承载力的构造措施。

偏心受力构件的承载力计算 偏心受压构件正截面的承载力计算，偏心受拉构件正截面的承载力计算，偏心受压构件斜截面的承载力计算，偏心受拉构件斜截面的承载力计算。

混凝土构件的变形及裂缝宽度验算 正常使用极限状态的有关限值，受弯构件变形验算，裂缝宽度验算。

预应力混凝土构件计算 预应力混凝土构件概述，张拉控制应力和预应力损失，预应力混凝土轴心受拉构件的计算和验算，预应力混凝土受弯构件的计算和验算，预应力混凝土构件的构造要求。

梁板结构设计 梁板结构概述，单向板肋梁楼盖设计，双向板肋梁楼盖设计，装配式楼盖设计，楼梯和雨篷设计。

砌体结构设计 砌体结构概述，砌体的强度，砌体结构的构造措施，无筋砌体构件的承载力计算，配筋砌体构件的承载力计算，过梁、圈梁、墙梁、挑梁的设计和构造要求，砌块房屋的设计，混合结构房屋墙、柱的设计。

单层厂房结构设计   单层厂房的结构组成和结构布置，柱下独立基础设计。

混凝土多高层房屋结构设计   混凝土多层及高层房屋结构体系及其布置，混凝土多层及高层框架结构内力与侧移的近似计算方法，混凝土多层及高层框架结构节点抗震设计，混凝土多层及高层框架结构构造设计，混凝土多层及高层框架结构剪力墙截面构造设计，混凝土多层及高层框架结构优化原理与方法。

（八）城市规划

1. 课程设置的必要性

城市是一个开放的复杂巨系统，它在一定的系统环境中生存与发展。城市的产生、发展和建设都受到社会、经济、文化、科技等多方面因素的影响。城市规划是人类为了在城市的发展中维持公共生活的空间秩序所做的未来空间安排。这种对未来空间发展的安排意图，在更大的范围内可以扩大到区域规划和国土规划，而在小的空间范围内可以延伸到建筑群体之间的空间设计。城市规划的根本社会作用是作为建设城市和管理的基本依据，是保证城市合理地进行建设和城市土地合理开发利用及正常经营活动的前提和基础，是实现城市社会经济发展目标的综合性手段。中国现阶段城市规划的基本任务是保护和恢复人居环境，尤其是城乡空间环境的生态系统，为城乡经济、社会和文化协调、稳定的持续发展服务，保障和创造城市居民安全、健康、舒适的空间环境和公正的社会环境。

2. 教学目的及要求

本课程的目的是通过教学使学生初步掌握城市规划的基本原理与方法，熟悉城市规划的基本程序，了解城市规划在城市经济建设和社会发展过程及工程建设项目建设过程中的地位和作用，了解城市规划与工程建设项目之间的关系，具备城市、城镇和居住小区规划的基本知识，具备分析与解决城市、城镇和居住小区规划相关问题的基本思路和进行居住小区规划的基本能力。

本课程的实践环节为参观住宅小区和住宅小区规划设计。

本课程建议总学时数为 48 学时，先修课程为《工程制图》、《工程测量》和《房屋建筑学》。

3. 课程主要内容

绪论 城市的形成与发展历程，城市化过程与城市经济社会发展过程，城市规划学科的历史沿革、现状与趋势，城市规划在国民经济和社会发展中的地位和作用，城市规划活动与工程建设活动之间的相互关系，城市规划学科与相关学科之间的相互关系，工程管理专业学生学习本学科的意义，本课程的学习方法。

城市规划的工作内容和方法 城市规划的任务、内容、特点和应遵循的原则，城市规划的基础工作，城市规划工作的阶段划分与城市规划程序。

城市用地 城市用地概述，城市用地条件分析与城市用地的规划适宜性评价，城市用地的用途分类与构成类型。

城市的组成要素及其用地规划 城市工业用地及其规划布置，城市交通运输用地及其规划布置，城市居住用地及其规划布置，城市公共设施用地及其规划布置，城市仓储用地及其规划布置。

城市总体布局 城市用地功能组织，城市总体布局的方案比较，旧城总体布局的调整与完善，城市道路系统规划，城市园林绿地系统规划。

城市规划中的工程规划 城市给、排水工程规划，城市管线工程规划，城市用地的竖向规划，城市防灾减灾规划，城市基础设施工程建设的技术政策。

城市规划中的技术经济分析 城市规划方案技术经济评价的指标体系和评价方法，城市建设造价估算。

控制性详细规划 控制性详细规划的地位和作用，控制性详细规划的内容、编制方法和成果要求。

居住区规划 居住区的组成、规模、类型和规划结构，居住区规划及其技术经济分析。

城市规划的实施与管理 城市规划实施的工作进程，城市规划的控制与管理。

（九）工程施工

1. 课程设置的必要性

依靠复杂的施工过程，工程建造者将工程图纸转变为工程实体。施工管理者需要掌握建筑、桥梁、路基等工程施工的一般技术和基本方法，掌握工程施工组织管理的一般规律，同时为适应工程建设科技的不断发展，施工管理者还需不断更新知识，形成研究、开发和应用推广新技术、新材料和新工艺的能力。《工程施工》课程为工程管理专业学生过渡为称职的施工管理者奠定了基础。

2. 教学目的及要求

本课程的目的是通过教学使学生掌握建筑（土木）工程施工技术和施工组织的一般规律，掌握建筑（土木）工程中主要工种工程的施工技术和施工工艺原理、方法，掌握建筑（土木）工程施工的科学组织与管理、控制的模式、方法和手段，了解建筑（土木）工程施工中的新技术、新材料、新工艺的发展和应用，具备发现并有效处理建筑（土木）工程施工过程中的一般性技术问题的基本能力，具备科学、合理地组织、管理建筑（土木）工程施工的基本能力，具备根据建筑（土木）工程项目的主客观实际情况优选施工方案、施工方法及编制施工组织设计、施工进度计划的基本能力和有效组织、管理建筑施工安全生产的基本能力。

本课程的实践环节包括典型的综合性大、中型建筑（土木）工程项目的施工组织总设计和其中的单位工程施工组织设计案例分析，聘请项目管理专家或项目管理专业人员或工程技术人员结合典型的综合性大、中型建筑（土木）工程项目举办工程施工专题讲座。

本课程建议总学时数为 40 学时，先修课程为《房屋建筑学》、《工程力学》和《工程结构》。

3. 课程主要内容

土方工程   土方工程概述，场地平整，基坑开挖，土方的填实与压实，土方工程机械化施工，爆破施工，土方工程质量评定的标准、质量检验和质量控制的主要方法。

地基与基础工程   基础工程概述，地基加固施工，桩基础施工，地下连续墙施工，墩基础施工，沉井基础施工，围堰施工，地基与基础工程质量评定的标准、质量检验和质量控制的主要方法。

地下工程   地下工程概述，常见地下工程的施工工艺和施工要点，地下工程质量评定的标准、质量检验和质量控制的主要方法。

砌筑工程　砌筑工程概述，砌筑材料，砌筑工程用脚手架及垂直运输设施，砖砌体施工，石砌体施工，中小型砌块施工，砌筑工程质量评定的标准、质量检验和质量控制的主要方法。

混凝土结构工程　混凝土结构工程施工概述，钢筋工程，模板工程，混凝土工程，钢筋工程、模板工程和混凝土工程质量评定的标准、质量检验和质量控制的主要方法。

预应力混凝土工程　预应力混凝土的特点和工作原理，先张法预应力混凝土施工，后张法预应力混凝土施工，电热张拉法预应力混凝土施工，后张无粘结预应力混凝土施工，预应力混凝土工程质量评定的标准、质量检验和质量控制的主要方法。

结构安装工程　结构安装工程概述，起重机械设备，索具设备，钢筋混凝土单层工业厂房结构安装施工，装配式框架结构安装施工，装配式大板建筑安装施工，大跨度结构安装施工，结构安装工程质量评定的标准、质量检验和质量控制的主要方法。

升滑法施工　升滑法施工概述，升板法施工，升模法施工，液压滑模施工，升滑法施工质量评定的标准、质量检验和质量控制的主要方法。

防水工程　防水工程概述，地下防水工程，屋面防水工程，防水工程施工质量评定的标准、质量检验和质量控制的主要方法。

装饰工程　装饰工程概述，装饰工程的新材料、新技术及其发展方向，抹灰工程，饰面安装工程，涂料工程，刷浆工程，裱糊工程，玻璃幕墙工程，装饰工程施工质量评定的标准、质量检验和质量控制的主要方法

桥梁结构工程（选学内容）　桥梁结构工程概述，墩台施工，混凝土桥梁施工，桥梁结构工程施工质量评定的标准、质量检验和质量控制的主要方法。

施工组织概论　建筑（土木）工程项目施工组织的基本原则，施工准备工作，施工组织设计概述。

建筑（土木）工程施工安全技术　建筑（土木）工程施工安全生产技术体系，建筑（土木）工程安全文明施工技术（包括：安全施工与文明施工，安全文明施工工艺和技术的基本要求，安全文明施工和作业的基本要求），建筑（土木）工程施工生产安全保险技术（包括：安全保险装置的作用原

理，强制性制止作业的规定），建筑（土木）工程施工生产安全保护技术和安全排险技术。

（十）建筑设备概论

1. 课程设置的必要性

现代建筑技术与建筑设备的发展是密切相关、相辅相成的。建筑设备的发展促进了现代建筑的发展，与此同时，现代建筑技术的更新也推动了建筑设备的更新。

建筑的发展是与人们对精神与物质的需求紧密相关的。人类的居住场所从原始的山洞草房到现代建筑；从低矮的单层建筑发展到宏伟的高楼大厦；从简单的住宅发展到今天的办公楼、写字楼、体育场馆、商业建筑等功能种类繁多的建筑，这些建筑形式及功能的发展，直接反映了社会的进步，物质生活和精神生活需求的提高，反映了当今世界经济的蓬勃发展。随着我国经济的迅速发展与人民生活水平的提高，人们对建筑物的使用功能和质量要求越来越多，对室内环境与空气品质要求亦越来越高。人们对居住的要求已不仅仅是有处可住，而是扩展到对居住环境舒适性的要求，如舒适宜人的温湿度、使用方便的冷热水系统、便捷的通信交通方式、安全可靠的报警监控系统和服务良好的物业管理系统等等。所有这些功能的实现都依赖于建筑设备的发展。任何一栋建筑物就如同人体，建筑主体结构和外观造型相当于人的骨架与肌肤，而建筑设备则是现代建筑的神经脉络与心血管系统，没有建筑设备的建筑物神韵虽存却无活力，充其量只是一块供人们鉴赏把玩的古化石，了无任何使用功能与实用价值。一般的建筑物在主体结构或造型上并无太大区别与差距，而建筑的规模、档次、等级和功能绝大部分均由建筑设备的完善程度与技术含量加以体现与区分。

2. 教学目的及要求

本课程的目的是通过教学使学生熟悉建设设备的基本理论、规划设计原则、简要计算方法、应用材料设备及建筑设备和建筑物的建筑、结构工程之间的协调配合关系，了解用于工程建设项目的新设备、新技术和新材料的发展动态和趋势，具备根据工程建设项目的功能、特点、性质和业主的特殊要求进行建筑设备选型的技术经济分析及决策咨询的基本能力。

本课程的实践环节包括现场参观、教学录像和相关专题讲座。

本课程建议总学时数为 48 学时，先修课程为《房屋建筑学》、《工程结构》和《工程施工》。

3. 课程主要内容

概述　建筑设备概述，建筑设备的构成，建筑设备与建筑物的建筑、结构工程之间的协调配合关系，建筑设备选型的基本原则和应考虑的因素，建筑设备选型的基本方法。

城市及建筑物给水排水工程　城市及建筑物给水排水工程概述，给水系统，建筑消防给水系统，排水系统，高层建筑给水系统，高层建筑排水系统，建筑物室外排水系统。

建筑物供暖及燃气系统　建筑物供暖及燃气系统概述，热水供暖系统，蒸汽供暖系统，供暖系统的管路布置和主要设备，建筑物燃气系统。

建筑物空气调节系统　建筑物空气调节系统概述，空气调节系统的分类与组成，典型的空气处理设备，制冷设备。

建筑物通风系统　建筑物通风概述，自然通风原理，机械通风系统，机械通风系统的设备与附件。

建筑及施工电器设备工程　建筑及施工电器设备工程概述，建筑电器设备工程，电梯系统，施工电器设备工程。

建筑物通信设备工程　建筑物通信设备工程概述，程控数字用户交换机系统，语音与传真服务系统，数据信息处理系统，可视图文系统，可视电话系统，会议电视系统，VAST 卫星通信系统，数字微波通信系统，共用天线电视系统，卫星电视接收系统，卫星传送图文电视系统。

建筑物办公自动化设备工程　建筑物办公自动化概述，建筑物办公自动化的硬件环境，建筑物办公自动化的软件环境

建筑物设备及安全管理工程　建筑物设备及安全管理工程概述，建筑物设备监控系统的组成、要素及功能选择，火灾报警与消防联动控制系统，公共安全管理主要技防系统的种类，公共安全管理系统模式。

（十一）建筑信息模型（BIM）概论

1. 课程设置的必要性

随着信息化程度的不断深入，基于传统的二维建筑表达方式逐渐无法满足行业进一步发展的需求，以三维表达和信息技术为核心的建筑信息模型

(Building Information Modeling，BIM）技术成为建筑业信息化的现实需求，并得到快速发展。BIM 是建筑技术和核心业务的信息化，是创建并利用数字化模型对建设项目进行设计、建造和运营全过程管理、优化的方法和工具，在未来相当长一段时间内会成为行业发展的重心。《2011～2015 年建筑业信息化发展纲要》已经把 BIM 作为工程总承包、勘察设计和施工类企业"十二五"信息化发展必须具备的核心技术之一。掌握 BIM 行业的最新动态和基本信息，是工程管理专业学生必须具备的专业素养。

2. 教学目的及要求

本课程是高年级学生学习 BIM 的一门专业选修课程，通过系统讲授 BIM 的基本理论和方法，使学生掌握将 BIM 应用至其他学科，如工程项目管理与造价管理等，为学生进一步开展相关领域的学习和科研打下良好基础。

本课程的先修课程为 CAD 课程，要求学生了解工程管理的内涵，掌握进度管理、成本管理、质量管理等基础知识，并且掌握建筑工程施工相关知识，包括建筑物的构成、建筑工程设计内容、设计程序、施工图的类别、工程识图的方法与步骤等。总学时数一般为 28 学时（其中课堂讲授 20 学时，上机实验 8 学时）。

3. 课程主要内容

BIM 简介　　BIM 基本概念，常见 BIM 分析工具应用，BIM 相关软件，BIM 的市场和各种资源，CAD 历史简介，参数化建模，BIM 与信息互用，建筑信息分类体系，基于 IFC 标准的信息互用，BIM 的模型精细度，BIM 的评价体系，BIM 与流程改造。

BIM 在造价上的应用　　目前造价管理的局限、BIM 在造价管理中的价值，基于 BIM 的造价管理，BIM 在造价应用的潜在问题。

BIM 在进度管理的应用　　项目进度管理，项目进度管理软件 MS Project 简介，项目进度管理软件 Primavera 6.0 简介，BIM 在项目进度管理上的应用。

BIM 在项目管理上的应用与设计协调　　BIM 的研究方向，BIM 在项目管理上的应用，BIM 与设计协调、早期施工场地规划简单应用。

BIM 与能耗分析　　计算机模拟技术起源，基于 BIM 的可持续性设计，认识 Autodesk Ecotect Analysis，整体建筑能源、水和碳排放分析，分析多个替代设计方案、相关产品。

BIM 与城市规划　城市规划现状，3D GIS，结合 BIM 的数字化城市研究，数据格式，数字城市，常见的三维数字城市应用。

BIM 国内外案例分析

BIM 的困难与挑战

采用 BIM 所遇到的障碍，BIM 在造价上的优点，BIM 在碰撞检测上的优点，BIM 在施工模拟上的优点，BIM 面临的挑战，BIM 的风险未来发展。

二、管理类课程

工程管理专业的管理类主要课程有六门，分别是《管理学原理》、《工程项目管理》、《财务管理》、《会计学原理》、《运筹学》和《工程估价》。这六门课程所涉及的理论和技术方法构成了管理平台的知识框架，是从事工程管理的人员必须学习和良好掌握的知识和技能，也是工程管理行业的核心控制要素。

（一）管理学原理

1. 课程设置的必要性

在现实社会中，人们都是生活在各种不同组织之中的，如工厂、学校、医院、军队、公司等等，人们依赖组织，组织是人类存在和活动的基本形式。没有组织，也就没有人类社会今天的发展与繁荣。组织与管理是人类社会活动中最基础、最普遍的行为和现象。

管理的重要性主要表现在以下两个方面。首先，管理使组织发挥正常功能。管理是一切组织正常发挥作用的前提。任何一个有组织的集体活动，不论其性质如何，都只有在管理者对它加以管理的条件下，才能按照所要求的方向进行。组织是由组织的要素组成的，组织的要素互相作用产生组织的整体功能。然而，仅仅有了组织要素还是不够的，这是因为各自独立的组织要素不会完成组织的目标，只有通过管理，使之有机地结合在一起，组织才能正常地运行与活动。组织要素的作用依赖于管理。管理在组织中协调各部分的活动，并使组织与环境相适应。一个单独的提琴手是自己指挥自己，一个乐队就需要一个乐队指挥，没有指挥，就没有乐队。在乐队里，一个不准确的音调会破坏整个乐队的和谐，影响整个演奏的效果。同样，在一个组织中，没有管理，就无法彼此协作地进行工作，就无法达到既定的目的，甚至连这个组织的存在都是不可能的。集体活动发挥作用的效果大多取决于组织的管理水平。其次，组织对管理的要求和对管理的依赖性与组织的规模是密切相关的，共同劳动的规模越大，劳动分工和协作越精细、复杂，管理工作也就越重要。一般地说，在手工业企业里，要进行共同劳动，有一定的分工协作，管理就成为进行生产所不可缺少的条件。但是，如果手工业企业的生产规模较小，生产技术和劳动分工也比较简单，管理工作也比较简单。现代化大工业生产，不仅生产技术复杂，而且分工协作严密，专业化水平和社会化程度都高，社会联系更加广泛，需要的管理水平就更高。

开设《管理学原理》课程，是学生学习、掌握管理基本理论和方法的重要途径。

2. 教学目的及要求

本课程的目的是通过教学使学生熟悉管理活动的一般规律、管理的基本原理和基本方法，了解人类管理思想的演进历史和发展动态，掌握从事各种管理活动所必备的理论基础和基本知识，初步具备运用管理的基本原理和方法有效进行工程建设项目全过程管理的综合能力和基本技巧。

本课程的实践环节主要为参观实习和专题讲座。

本课程建议总学时数为 32 学时，先修课程无特殊要求。

3. 课程主要内容

导论　管理及其职能，管理的作用和地位，管理研究的对象和方法，管理理论及其发展。

企业管理　企业与企业管理，企业理论及其研究进展，企业理论对管理研究的启示。

非营利组织和政府管理　非营利组织概述，非营利组织的管理策略和技术，政府的管理职能和体制，国有资产管理。

战略管理理论　组织战略的层次和战略管理过程，战略形式分析，战略分析与和谐理论，总体战略决策，战略实施与控制。

决策理论　决策概述，个体决策，群体决策，组织决策，社会决策。

计划与控制理论　计划概述，计划技术，控制的概念和技术。

组织理论 组织理论的发展历史，组织环境，组织结构与组织变革，组织的冲突与管理。

领导理论 领导及其职能，传统领导理论，领导模型。

管理行为 人类行为的基本模型、主要影响因素及行为管理难题，人的潜能与激励，人类动机激励理论，管理行为的描述与评价。

（二）工程项目管理

1. 课程设置的必要性

项目管理是 20 世纪 50 年代中期产生的一项系统方法和管理技术，它针对不同项目的共性特点，致力于运用规划论、组织论和控制论等管理思想、方法、组织和手段，确保项目在预定的投资和工期范围内实现计划任务。经过近半个世纪的发展，项目管理从最初的国防和航天领域迅速发展到建设领域、计算机软件业、通信业、金融业等，甚至政府部门和社会团体。《工程项目管理》作为工程管理专业的核心课程，在工程管理教学体系中占有举足轻重的地位。

2. 教学目的及要求

本课程的目的是通过教学使学生在学习技术、经济、管理等相关专业基础课程的基础上，掌握工程项目管理的基本理论和工程项目投资控制、进度控制、质量控制的基本方法，熟悉各种具体管理方法在工程项目上的应用特点，培养学生有效从事工程项目管理的基本能力。

本课程的实践环节主要包括工程项目管理案例分析，编写工程项目管理方案，计算机辅助项目管理（投资控制、进度控制等）软件的上机实习。

本课程建议总学时数为 92 学时（其中课堂讲授 56 学时，实践环节共 36 学时），先修课程为《工程估价》、《工程施工》和《计算机基本理论》。

3. 课程主要内容

概论 工程项目管理的国内外背景，工程项目的含义，工程项目管理的含义，工程项目管理的类型、依据和任务，项目管理工程师的知识结构、能力和责任，项目管理咨询合同，建设监理，项目管理的发展趋势，工程项目管理学及其相关学科之间的相互关系。

项目管理的组织理论 组织论的基本理论和组织结构模式、管理任务分工、管理职能分工和工作流程组织，工程项目组织结构及其分解、编码原则，工程项目承发包组织模式，工程项目管理组织结构，当前几种主要的工程项目管理组织模式（工程指挥部、自行筹建等），工程项目管理方案、规划和手册。

项目策划　项目策划的基本概念，项目环境调查的分析，项目决策阶段目标策划，项目实施阶段目标策划。

项目目标控制原理　动态控制原理、风险管理的基本概念。

流水施工基本原理　流水施工概述，流水施工参数，流水施工的组织方法，流水施工排序优化。

网络计划技术　网络计划技术概述，网络图的绘制，单代号网络计划，双代号网络计划，双代号时标网络计划，搭接网络计划，网络计划的优化和执行中的控制，计算机在网络计划编制、调整、优化和执行控制中的应用。

施工组织总设计　施工组织总设计概述，施工部署，施工总进度计划，资源需要量计划，全场性暂设工程，施工总平面图。

单位工程施工组织设计　单位工程施工组织设计概述，施工方案，单位工程施工进度计划，单位工程资源需要量计划，单位工程施工平面图。

项目采购　项目采购的基本原理，项目采购基本模式，项目咨询服务采购，项目工程采购，项目物资采购，项目采购的发展趋势。

投资控制　投资控制的含义、目的，项目前期和设计阶段投资控制的意义，投资控制的任务和方法，项目实施阶段投资控制的任务与措施，项目投资目标论证和分析，项目投资规划的编制。

进度控制　进度控制的含义、目的，总进度目标的论证，进度计划系统的构成，进度计划的编制方法，进度控制方法，计算机辅助进度控制。

质量控制　项目质量控制目标及控制依据，项目质量体系的建立与运行，项目设计阶段质量控制，项目施工阶段质量控制，工程项目竣工验收。

信息管理　项目信息的分析、收集和处理，项目管理信息系统。

（三）会计学原理

1. 课程设置的必要性

人类要生存和发展，就要进行物质资料的生产。生产即是物质财富的创造源泉，也是物质资料的消耗过程。在任何社会形态和社会发展阶段，人们总是力求以尽可能少的劳动耗费，获取尽可能多的劳动成果。为了达到这一目的，除了采用先进的技术外，还必须加强对生产过程的管理与控制和对劳动耗费与劳动成果进行科学的记录与计算，以提高经济效益，这就是会计产生的社会经济基础。

会计是适应社会生产力水平的不断提高和经济管理的需要而产生的一项对社会经济活动进行基础管理的活动。它以货币为主要计量单位，以记录经济业务发生的凭证为依据，借助于专门的方法和手段，对特定主体的经济活动进行全面、综合、连续、系统的核算与监督，并向有关方面提供翔实的会计信息，并以提高经济效益为终极目标。

对于工程管理专业而言，开设《会计学原理》课程的主要目的并不是要把学生培养成为专业的会计人才，而是要尽量使学生树立会计的思想和思维方式；《会计学原理》课程不仅应教会学生掌握一定的会计技能，还应使学生学会收集、处理会计资料并运用会计信息解决企业实际战略管理问题，将会计作为一种经营管理工具，并充分运用此工具。

2. 教学目的及要求

本课程遵循我国现行的会计法规体系，以实务为重点，站在项目业主和承包商两个角度来阐述会计基础知识、会计基本技术和方法。本课程的目的是通过教学使学生掌握会计基本理论、基本核算模式；使学生具备在掌握会计基础理论的基础上进行工程管理过程中相关会计核算和解决相关会计问题的基本能力。

本课程的实践环节主要包括结合工程管理相关会计业务实务介绍其会计核算方法，并结合有关软件使用安排学生上机实习。

本课程建议总学时数为 48 学时，先修课程为《管理学》、《经济学》、《经济法》和《工程项目管理》。

3. 课程主要内容

总论　会计的含义和特点，会计的职能和作用，会计的对象，会计的任务和方法

企业会计制度　企业会计制度概述，会计基本前提，会计核算的基本原则。

会计要素和会计等式　会计要素，会计等式。

设置账户和复式记账　设置账户，复式记账，借贷记账法。

会计凭证　会计凭证概述，原始凭证，记账凭证，会计凭证的传递与保管。

会计账簿　会计账簿概述，账簿设置的原则和登记方法，账簿的登记规则与错账的更正方法，对账和结账。

资产的核算　流动资产的核算，长期投资的核算，固定资产的核算，无形资产和其他资产的核算，财产清查及其核算。

负债的核算　负债概述，流动负债的核算，长期负债的核算。

所有者权益的核算　所有者权益概述，实收资本的核算，资本公积的核算，盈余公积和未分配利润的核算，

成本和费用的核算　工程成本概述，工程成本核算的对象和程序，工程实际成本的核算，工程预算成本核算和竣工成本决算，期间费用的核算。

营业收入和利润的核算　营业收入概述，工程价款结算的核算，其他业务收支的核算，利润形成的核算，利润分配的核算。

财务会计报告　财务会计报告概述，资产负债表的编制，利润表的编制。

会计账户的分类　账户分类概述，账户按经济内容分类，账户按用途和结构分类。

会计核算形式　会计核算形式概述，记账凭证核算形式，科目汇总表核算形式，汇总记账凭证核算形式。

（四）财务管理

1. 课程设置的必要性

现代企业是依法设立的以盈利为目的，从事生产经营活动的独立核算的经济组织。在社会主义市场经济条件下，企业成为竞争的主体，必须自主经营、自负盈亏、自我约束和自我发展，使社会资源流向那些利用效率高、效益好的企业而最终达到合理配置，使投入的资本不断运动和增值，这就迫使企业注重运用资金，控制成本和增加盈利。而财务管理的工作对象是资金运动，只要有资金运动就离不开财务管理。一个企业的生产经营活动无外乎供、产、销三个环节，这个过程始终贯穿着资金流转，不同之处在于各个环节上资金的表现形态有所差异。可见，财务管理贯穿于企业的各项工作之中，财务工作与其他管理工作是密不可分的。在现代企业管理过程中，财务

管理是最直接、最有效影响企业获得最佳经济效益的管理环节。

2. 教学目的及要求

本课程的目的是通过本课程的教学使学生了解财务管理的基本理论，建立资金时间价值、风险价值及报酬等财务观念，掌握财务分析、财务预测、财务决策及财务协调和控制的基本方法，具备将财务管理的理论和方法运用于工程管理实际的基本能力。

本课程的实践环节为大量的案例教学，如财务分析、投资决策、融资决策、财务计划、财务控制等部分内容。

本课程建议总学时数为 48 学时，先修课程应为《管理学》、《会计学》、《经济学》和《金融与保险》。

3. 课程主要内容

财务管理概述 企业财务管理总体目标的确定，财务管理的内容和理财环境，货币时间价值（与工程经济学课程内容重复，本课程可简要介绍）、风险价值的概念及衡量方法，风险与报酬的关系，资本市场、资产定价、代理等财务管理理论的内容及其差异。

财务分析 财务分析工具体系，财务比率分析的作用及比率指标体系，不同时期财务分析的作用及其分析方法，企业间对比分析的意义及其方法，综合财务分析与评价方法，财务分析中应注意的问题。

投资决策方法 项目投资的分类和特点，项目财务评价指标体系及评价方法，固定资产投资决策评价指标及方法，流动资产投资决策评价指标及方法，证券投资决策评价指标及方法，公司并购的内容、方式及财务评价方法。

融资决策方法 融资渠道分析，权益融资的方式及其评价，短期负债融资的方式及评价，长期负债融资的方式及评价，资金成本的概念、计算方法，各种资本结构理论的内容及比较，最佳资本结构的概念、定性和定量方法。

利润分配决策方法 利润分配对财务管理目标实现程度的影响，各种利润分配理论及利润分配政策。

流动资金管理 营运资金的概念，营运资金管理的内容和方法，货币资金管理的内容及方法，应收账款管理的内容及方法，存货管理的内容及方法。

财务计划的编制 财务预算体系的构成，销售预算的编制方法，成本及费用预算的编制方法，利润规划的编制方法，资金预算的编制方法，预算报表体系。

财务控制方法 财务控制的概念及其体系，财务控制的基本方法，责任会计的概念及内容。

（五）工程估价

1. 课程设置的必要性

工程估价也可称为概预算，指在工程建设项目开工前，对所需的各种人力、物力资源及其资金需用量的预先计算。它与工程结算、工程竣工决算一起构成了工程计价工作的整体（图 5-10）。工程计价工作贯穿工程决策、设计、实施和运营的全过程，其工作的质量和效率是确保工程顺利实施，提高工程投资效益的重要因素。开设《工程估价》课程将为学生从事全过程工程估价相关工作奠定必要的基础。

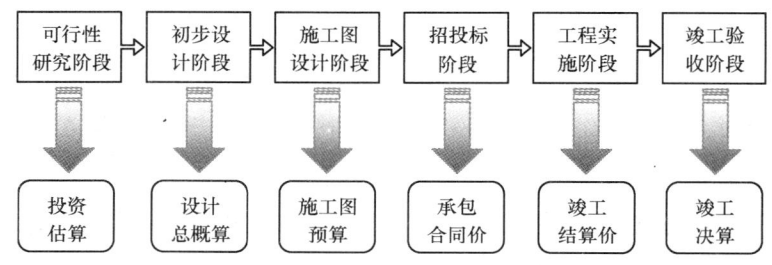

图 5-10　工程计价工作阶段性任务

2. 教学目的及要求

本课程的目的是通过本课程的教学使学生了解工程估价的基础知识，掌握工程估价的基本原理和方法，具备工程估价的基本能力。

本课程的实践环节为编制土建工程施工图预算文件。

本课程建议总学时数为 32 学时，先修课程为《房屋建筑学》、《工程结构》、《建筑材料》和《工程施工》。

3. 课程主要内容

工程估价基础知识 工程估价的含义，工程估价的作用，工程估价的特点，工程估价过程，工程估价与工程建设过程及其相应关系，工程估价的原理，业主方的工程估价与承包商的工程估价。

工程费用结构　工程费用组成的基本特点，工程项目投资组成，工程费用分解结构，工程成本要素。

工程估价依据　工程技术文件，工程估价数据及数据库，市场信息与环境条件，工程合同，工程估价依据的应用，工程定额概念与原理，工程定额的编制方法，工程定额的应用。

工程计量　工程计量的基本原理与方法，工程量表，工程量计算规则。

投资估算　投资估算的基本原理，投资估算的特点，投资估算的作用，投资估算的常用编制方法。

设计概算　设计概算的基本原理，设计概算的特点，设计概算的作用，设计概算的内容，设计概算的编制方法。

施工图预算　施工图预算的基本原理，施工图预算的特点，施工图预算的作用，施工图预算的内容，施工图预算的编制方法。

承包商的工程估价　工程标底的编制方法，承包商工程估价的基本原理，承包商工程估价的费用构成，直接费的估算包括人工消耗及费用估算、材料消耗及费用估算、机械台班消耗和费用估算、分包费用估算，其他费用估算包括现场管理费估算、公司管理费估算、税金估算，工程投标报价的方法，工程投标报价策略，工程投标报价及分析。

工程结算与竣工决算　工程结算的方式，工程结算的方法，竣工决算的内容，竣工决算的编制方法，新增资产价值的确定。

（六）运筹学

1. 课程设置的必要性

"运筹"二字源于《史记》中"运筹策于帷幄之中，决胜于千里之外"一语，从古代"田忌赛马"到第二次世纪大战初期的战略决策和战术指挥，运筹学逐渐发展成为一门现代科学，在实行管理的领域，运用数学方法，对需要进行管理的问题统筹规划，做出决策。运筹学通过从客观实际中归纳抽象出反映事物本质的要素来构造数学模型，寻求与决策者期望目标有关的解，最终从可行方案中寻求系统的最优解法。运筹学的分支包括规划论（线性规划、非线性规划、整数规划和动态规划）、图论、决策论、对策论、排队论、存储论、可靠性理论等。运筹学的基本原理和基本方法，是工程管理从业者实施项目决策、成本控制、施工组织和材料供给等工作的理论指导和重要工具。

2. 教学目的及要求

本课程的目的是通过本课程的教学使学生树立系统优化的观点，具备系统优化分析的基本能力，掌握常用的系统优化方法，具备对工程管理有关问题进行定量优化分析并为决策者提供系统优化的量化决策依据的基本能力。

实践环节为结合工程管理中的一个较简单的实际问题，例如在一定资金、劳动力、时间等方面条件限制下，寻求利润最大的房地产开发计划或建立线性规划模型或运输问题模型并利用计算机求解，或者编写一个求解线性规划问题的计算机程序。

本课程建议总学时数为 32 学时，先修课程为《高等数学》、《线性代数》和《概率论》。

3. 课程主要内容

概论 运筹学的发展和应用概况，运筹学的研究对象及特点。

线性规划 线性规划建模举例，模型的特点，图解法和单纯形法，人工变量法。

线性规划解的分析 线性规划解的灵敏度分析，影子价格，线性规划及其对偶问题的意义。

特殊的线性规划 运输问题，0-1 规划、分配问题等的求解和应用。

动态规划 动态概念，多阶段决策问题及其应用举例。

简单的图论知识 图的概念和特点，最短问题，最大流问题，最小树问题，网络计划法。

多目标决策 多目标决策的意义，AHP 方法，DEA 方法。

三、经济类课程

工程管理专业经济类课程有《经济学》、《工程经济学》、《金融与保险》和《统计学》。通过这四门课程的学习可以使学生对工程管理行业所需的经济学知识有较为全面、深入的认识和了解，能够利用所学的经济学知识和技术方法分析、处理工程管理中的经济问题。

（一）经济学

1. 课程设置的必要性

资源稀缺性的普遍存在，使得人们在各种社会生活中必须考虑如何使用有限的相对稀缺的生产资源来满足无限多样化的需要。资源稀缺性不仅对资源配置产生决定性的影响，而且持续推进关于资源利用效率相关问题的普遍关注和深入研究，形成所谓的"经济问题"。经济学就是研究稀缺性资源在各种可供选择的用途之间进行合理配置和有效利用的科学。掌握经济学的基本原理和方法，有助于工程管理从业者提高管理工作的效率和水平。

2. 教学目的及要求

本课程的目的是通过教学使学生掌握市场经济背景下微观经济与宏观经济的基本概念、基本原理和基本分析方法，熟悉微观经济与宏观经济运行的基本规律，具备运用上述基本原理和基本分析方法分析、认识、解释微观经济与宏观经济现象和问题的基本能力。

本课程的实践环节包括案例分析和专题讲座。

本课程建议总学时数为 32 学时，先修课程为《毛泽东思想概论》、《邓小平理论》和《政治经济学》。

3. 课程主要内容

导论　微观经济学与宏观经济学的研究对象，经济学的研究方法，学习《经济学》的必要性。

需求、供给与均衡价格　需求与供给，均衡价格与市场机制，弹性分析。

消费者行为分析　边际效用分析，无差异分析。

生产与成本——生产者行为分析(上)　生产函数分析，成本函数分析。

市场与厂商决策——生产者行为分析(下)　完全竞争市场与厂商决策，完全垄断市场与厂商决策，垄断竞争市场与厂商决策，寡头垄断市场与厂商决策。

收入分配分析　生产要素市场与收入分配，各种生产要素价格的决策。

国民收入核算　总收入、总支出与国民生产总值核算，国民收入核算体系。

国民收入决定的简单模型　消费函数的储蓄函数分析，投资需求分析，国民收入决定的简单模型，宏观财政政策。

国民收入决定的扩大模型　货币供求与利率的决定，产品市场与货币市场的同时均衡，宏观经济政策的混合使用和"自动稳定器"，宏观货币政策。

总供给与总需求的均衡　总供给与总需求的均衡，失业和通货膨胀。

经济周期与经济增长　经济周期理论，经济增长理论。

（二）工程经济学

1. 课程设置的必要性

19世纪以前，较为落后的科学技术对经济发展的推动作用不够明显，社会对技术与经济的相互关系缺乏应有的关注。随着科学技术的迅猛发展，蒸汽机、发电机、计算机等先进技术设备的兴起和普及，极大地促进了社会发展和经济繁荣。马克思在《资本论》中以很大篇幅总结了资本主义发展过程中技术进步对经济所起的作用，指出科学技术创造一种生产力，可以生产大量使用价值和减少必要劳动时间。最早在工程领域开展经济评价工作的是美国的惠灵顿（A. M. Wellington），他用资本化的成本分析方法来选择铁路的最佳长度或路线的曲率。惠灵顿在《铁路布局的经济理论》（1887年）一书中，对工程经济下了第一个简明的定义："一门少花钱多办事的艺术"。

20世纪30年代，经济学家们注意到了科学技术对经济的重大影响，技术经济的研究也随之展开，逐渐形成一门独立的学科。1930年格兰特（E. L. Grant）出版了《工程经济原理》，他以复利为基础讨论了投资决策的理论和方法。《工程经济原理》作为教材被广为引用，格兰特的贡献也得到了社会的承认，被誉为"工程经济学之父"。第二次世界大战后，各国都很重视技术进步对经济增长的促进作用。据测算20世纪50～70年代发达国家中技术进步对国民收入增长速度的贡献为50%～70%左右。

随着数学和计算技术的发展，特别是运筹学、概率论、数理统计等方法的应用，以及系统工程、计量经济学、最优化技术的飞跃发展，工程经济学得到了长足的发展。如今，工程经济学已经发展成为一门研究如何使技术实践活动正确选择和合理利用有限资源，挑选最佳活动方案，从而取得最佳经济效果的学科，成为技术学和经济学相结合，介于自然科学和社会科学之间的交叉、边缘科学。

2. 教学目的及要求

本课程的目的是通过教学使学生了解工程技术与经济效果之间的关系，熟悉工程技术方案选优的基本过程，全面掌握工程经济的基本原理和方法，具备进行工程经济分析的基本能力。

本课程的实践环节为针对一个实际的工程建设项目进行可行性分析研究。

本课程建议总学时数为 32 学时，先修课程为《经济学》、《建筑施工》、《建筑材料》和《会计学》。

3. 课程主要内容

工程经济学的基本原理　工程经济学的性质、产生与发展，工程经济学的研究对象，工程经济分析的基本原则和步骤。

现金流量的构成与资金时间价值理论　现金流量的概念及其构成，资金时间价值的概念，单利、复利的计算方法。

投资、成本与利润　投资、成本与利润的概念，投资估算、成本计算和利润计算的方法。

工程技术方案经济效果评价方法　工程技术方案经济效果评价指标体系，时间性经济评价指标的计算与评价方法，价值性评价指标与评价方法，比率性评价指标与评价方法，互斥方案的选优方法，独立项目的经济比较与选优方法，层混型项目的经济比较与选优方法。

不确定性分析　不确定性分析的内容，盈亏平衡分析的方法，敏感性分析的方法，风险评价方法。

项目资金的筹集与运用　（与财务管理课程内容重复，可简要介绍）工程项目资金筹集的渠道，各种资金筹集渠道的特点及其对项目的影响，资金成本与资本结构的确定方法，项目融资的基本内容。

项目的财务评价　项目财务评价的指标体系和步骤，财务评价与国民经济评价的区别，项目财务评价的方法。

设备更新与选择　设备磨损与设备大修理，设备更新的条件与时机选择，更新方案的选择方法，设备租赁与折旧的内容和方法，设备现代化改装方案的设计及方案的选择方法。

价值工程与价值分析　价值工程的概念，价值工程对象的选择，价值分析的步骤，功能分析与研究的方法，价值工程方案评价与实施。

项目后评价　项目后评价的基本概念和内容，项目后评价的基本方法。

（三）金融与保险

1. 课程设置的必要性

金融是货币流通和信用活动以及与之相联系的经济活动的总称，广义的金融泛指一切与信用货币的发行、保管、兑换、结算，融通有关的经济活动，甚至包括金银的买卖，狭义的金融专指信用货币的融通。金融的内容可概括为货币的发行与回笼，存款的吸收与付出，贷款的发放与回收，金银、外汇的买卖，有价证券的发行与转让，保险、信托、国内国际的货币结算等。从事金融活动的机构主要有银行、信托投资公司、保险公司、证券公司，还有信用合作社、财务公司、投资信托公司、金融租赁公司以及证券、金银、外汇交易所等。

保险与银行、信托一起构成了现代金融体系的三大支柱行业。作为一种社会经济制度，保险是一种社会化的安排。日常生活中，保险分为商业保险和社会保险。

所谓商业保险，是指通过订立保险合同，以营利为目的的保险形式，由专门的保险企业经营。商业保险关系是由当事人自愿缔结的合同关系，投保人根据合同约定，向保险公司支付保险费；保险公司根据合同约定的可能发生的事故及其所造成的财产损失承担赔偿保险金责任，或者当被保险人死亡、伤残、疾病或达到约定的年龄、期限时承担给付保险金责任。

所谓社会保险，是指在既定的社会政策的指导下，由国家通过立法手段对公民强制征收保险费，形成社会保险基金，用来对其中因年老、疾病、生育、伤残、死亡和失业而导致丧失劳动能力或失去工作机会的成员提供基本生活保障的一种社会保障制度。

建筑工程由于其体积庞大、投资额高、建设周期长、受环境因素影响大等特殊性，迫切需要通过工程参与各方购买相应的保险，将风险因素部分转移给保险公司，以求在意外事件发生时，其蒙受的损失能得到保险公司的经济补偿。

掌握必要的金融与保险知识及运用相关知识降低经营风险、维护自身合法权益，是工程管理工作顺利开展的重要保障。

2. 教学目的及要求

本课程的目的是通过教学使学生在了解货币、信用、经济的相互关系以及保险学基本原理的基础上，具备对国内外金融现象进行分析和预测的基本能力，理解并掌握主要的国内、国际融资方式以及与工程建设活动有关的主要保险险别。

本课程的实践环节包括模拟工程保险和项目融资方案策划。

本课程建议总学时数为 48 学时，先修课程为《经济学》和《经济法》。

3. 课程主要内容

货币与信用　货币的产生、定义及职能，现代信用活动的基础和形式。

金融市场与金融机构　利率的决定和作用，利率的种类及计算，金融市场的基本要素，金融机构的构成及主要业务，金融市场的分类，金融工具与金融资产。

货币供求与货币政策　简单的货币需求理论，货币供给的控制工具，货币供求与社会总供给和总需求的关系，货币政策的作用机制及效果。

外汇与外汇风险　影响汇率的因素及汇率变动的经济影响，汇率的分类及其应用，外汇风险的形成及其管理。

国内及国际主要融资方式　商业银行贷款，证券融资，票据融资，国际贸易短期融资，出口信贷，租赁融资，政府贷款，国际金融机构融资，BOT 融资方式，项目融资。

保险原理及保险原则　风险与保险的关系，保险形态，保险合同内容及五大保险经营适应的原则。

与工程建设活动有关的主要保险险别　建筑工程保险，安装工程保险，十年责任险，社会保险，财产保险，机动车辆保险，货物运输保险，责任保险，汇率波动保险，政治保险等。

（四）统计学

1. 课程设置的必要性

原始社会，结绳记事萌发了统计的萌芽。奴隶社会时期，我国有了人口和土地数字的记载，这是我国最早的统计资料；古希腊、罗马时代，开始了人口和财产的调查。封建社会由于经济十分落后，统计发展缓慢。资本主义的产生和发展，使社会生产力得到一定程度的解放，生产、生活活动的不断丰富和发展，客观上需要对统计理论和方法加以概括与总结，统计在实践中伴随这种变化获得了极大的发展。

统计是对社会、经济以及自然现象总体数量进行搜集、整理和分析过程的总称；是对令人困惑费解的问题做出数字设想的艺术。《大英百科全书》指出："统计学是一门收集数据、分析数据、并根据数据进行推断的艺术和科学"。

2. 教学目的及要求

本课程的目的是通过教学使学生掌握统计学的基本原理和基本的统计方法，培养学生合理运用统计方法进行工程管理有关实际统计工作的基本能力和有效利用统计信息掌握工程建设活动的实际运行状况并进行有效的工程管理决策的基本能力。

实践环节为运用计算机软件建立一元线性回归模型、多元线性回归模型并进行预测分析。

本课程建议总学时数为 48 学时，先修课程为《高等数学》和《概率论》。

3. 课程主要内容

统计资料　统计资料的定义，统计资料的构成要素，统计资料的收集，统计调查，统计资料的误差。

统计资料的整理　基本概念，统计表，统计图，双变量的二元分布。

统计资料的综合　表示集中位置的特征数，表示变异（分散）程度的特征数。

统计抽样和抽样分布　关于抽样的基本概念，几种与正态分布有关的概率分布，几种统计量的抽样分布。

参数估计　点估计，区间估计，样本容量的确定。

统计假设检验　统计假设检验的基本概念，正态总体参数的假设检验，总体比率的假设检验。

一元线性回归　回归分析的基本概念，一元线性回归模型，总离差平方和的分解，样本确定系数与样本相关系数，一元线性回归显著性检验，模型适合性分析，$E(Y)$ 的区间估计，因变量 Y 的预测方法。

多元线性回归　多元线性回归模型，多元线性回归方程，多元线性回归模型的显著性检验，可线性化的回归方程，模型适合性分析。

时间序列和指数 时间序列及其分解模型，时间序列的平滑移动平均法，趋势曲线，线性趋势，非线性趋势，季节变动与循环变动，指数。

四、法律类课程

工程管理专业的法律平台由三门主干课程构成，分别是《经济法》、《建设法规》和《工程合同法律制度》。这三门课程囊括了工程管理涉及的主要法律法规内容，能够为工程管理从业人员正确处理工作中的法律法规问题提供帮助。

（一）经济法

1. 课程设置的必要性

经济法是调整经济关系的法律规范的总称。通过经济法对社会商品经济关系进行整体、系统、全面、综合调整。在现阶段，经济法主要调整社会生产和再生产过程中，以各类组织为基本主体所参加的经济管理关系和一定范围的经营协调关系。了解《经济法》基本知识，有助于增强工程管理者在投资决策、成本分析、商品交易等经济活动中的法律意识，以及运用法律知识解决现实问题的能力。

2. 教学目的及要求

本课程的目的是通过教学使学生初步掌握经济法的基本理论，熟悉经济法的内容体系、我国市场经济活动的法律环境以及有关法律制度和规定，具备运用经济法知识有效地解决工程建设项目全过程管理中的有关经济法律问题的初步能力。

本课程的实践环节主要为旁听经济案件的法庭审理，模拟法庭审判活动。

本课程建议总学时数为 32 学时，先修课程为《法律基础》。

3. 课程主要内容

经济法概论 经济法的概念和地位，经济法律关系，经济法的基本原则，经济法律规范。

企业法律制度 企业法律制度概述，全民所有制工业企业法，公司法，企业破产法律制度。

工业产权法律制度 工业产权法概述，专利法，商标法。

反不正当竞争法律制度 反不正当竞争法概述，不正当竞争行为，反不正当竞争的法律规定，不正当竞争行为的法律责任。

保险法律制度 保险法概述，保险风险管理法律规定，保险人与被保险人法律规定，保险合同。

税收法律制度 税收法律制度概述，税收的构成要素，我国现行的主要税种，税收征收管理办法，违反税法的法律责任。

经济纠纷的解决 经济纠纷的解决方式，经济仲裁，经济诉讼。

（二）建设法规

1. 课程设置的必要性

工程建设实践将涉及物权保护、城市规划、土地管理、环境保护、房屋拆迁等诸多方面的法律法规问题。合理解决这些问题，需要工程管理从业者正确理解和有效运用我国现行的建设法律和法规，运用法律手段维护参与工程各方的合法权益。

2. 教学目的及要求

本课程的目的是通过教学使学生掌握建设法律、法规基本知识，培养学生的工程建设法律意识，使学生具备运用所学建设法律、法规基本知识解决工程建设中相关法律问题的基本能力。

实践环节包括模拟法庭，案例分析，参加庭审活动。

本课程建议总学时数为 32 学时，先修课程为《法律基础》、《经济法》。

3. 课程主要内容

建设法规概述 建设法的概念，建设法的基本原则，建设法律关系，建设法的构成。

城市规划法律制度 城市规划法概述，城市规划的编制与审批，新区开发与旧城改造，历史文化名城和历史文物保护。

土地管理法律制度 土地管理法概述，土地的利用与保护，国家建设用地，乡村建设用地，违反土地管理法的法律责任。

工程咨询法律制度 工程咨询法律制度概述，项目前期可行性研究制度，工程项目后评价制度，工程勘测设计法律制度，工程监理制度。

工程建设标准法律制度 工程建设标准概述，工程建设标准的种类，工程建设标准的制定，工程建设标准的实施。

建筑法律制度　建筑法概述，工程项目建设程序，建筑工程许可，建筑工程发包与承包，建筑工程质量管理制度，建筑安全生产制度。

城乡建设法律制度　城乡建设法律概述，城乡公用事业法律制度，城乡容貌和环境卫生法律制度，城乡园林绿化法律制度。

房地产法律制度　房地产法概述，房地产开发用地，房屋拆迁，房地产交易，房地产开发，物业管理。

风景名胜保护法律制度　风景名胜区法律概述，风景名胜区的保护，风景名胜区的规划，风景名胜区的建设，风景名胜区的管理。

环境保护法律制度　环境保护法概述，建设项目环境保护制度，水污染防治法，固体废物污染环境防治法，噪声污染防治法。

企业权利保护法律制度　企业主张权利的基本制度，建筑活动中的证据，企业主张权利适用的基本程序法。

国外及港澳台地区建设法律简介　美国、英国、法国、日本、德国、俄罗斯及我国香港、澳门、台湾地区的建设法律、法规概况、表现形式和基本规范。

（三）工程合同法律制度

1. 课程设置的必要性

与工程建设相关的业主、承建方、监理方、材料设备供应方、产品使用方等各方既有共同的工作目标，又有各自的利益诉求。确保工程的顺利实施，必须建立完善的约束机制以调动各方参与工程建设的积极性，协调各方的利益关系。工程建设合同是明确合同各方责任、权利、义务的重要依据，在工程实施全过程中有着特殊的地位和作用。

2. 教学目的及要求

本课程的目的是通过教学使学生对合同有一定认识，熟悉与合同相关的法律知识，理解和掌握工程建设领域涉及的合同种类及其法律特征、法律性质和主要内容，具备在工程建设实践中依法签订合同、审查合同和正确履行合同的基本能力。

实践环节包括编制合同文件，审查合同，旁听合同纠纷处理的法庭审理。

本课程建议总学时数为32学时，先修课程为《法律基础》、《经济法》。

3. 课程主要内容

合同概述　合同的概念，合同法律制度沿革，合同法律关系，合同的种类。

合同的订立　合同订立的原则和程序，合同应具备的主要条款，合同的形式。

合同的效力　有效合同，无效合同，可撤销合同，效力待定合同。

合同的履行　合同履行的概念、原则、要求等。

合同的担保　合同担保的概念及意义，保证，抵押，质押，留置，定金。

合同转让、变更与解除　合同转让、变更与解除的概念，合同转让、变更与解除的条件，合同转让、变更与解除的形式与程序，合同转让、变更与解除的法律后果。

违约责任　违约责任概念，违约责任构成条件，承担违约责任的形式。

合同争议的防范及处理　合同争议处理的概念，合同争议的防范措施，合同争议的解决方式，合同的监督与管理。

工程合同概述　工程合同的概念，工程合同的法律特征，工程合同的种类。

工程咨询合同　工程咨询合同，工程勘察设计合同，工程监理合同。

工程建设施工合同　工程建设施工合同概述，工程建设施工合同的内容，工程建设施工合同的管理，工程建设施工合同的索赔。

工程建设物资采购合同　建设物资采购合同概述，材料采购合同，物资国际采购合同。

工程建设相关的主要合同　技术合同，运输合同，劳务合同，租赁合同，保险合同，土地使用权出让与转让合同，联营合同。

国际工程承包合同　国际工程承包合同概述，国际工程承包合同的种类，国际工程承包合同的主要内容，国际工程承包合同的订立与履行，国际工程承包合同争议的解决，国际上常用的几种工程承包合同文本简介。

FIDIC 合同条件 FIDIC 合同条件概述，FIDIC 合同条件的基本内容。

FIDIC 合同文件体系

FIDIC 是国际咨询工程师联合会（Fédération lnternationale Des lngénieurs Conseils）的法文缩写。FIDIC 合同条件是在总结了各个国家、各个地区的业主、咨询工程师和承包商各方经验基础上编制出来的，也是在长期的国际工程实践中形成并逐渐发展成熟起来的，是目前国际上广泛采用的高水平的、规范的合同条件。

在 FIDIC 合同条件体系中，最著名的有《土木工程施工合同条件》（Conditions of Contract for Work Of Civil Engineering Construction，简称 FIDIC "红皮书"）、《电气和机械工程合同条件》（Conditions of Con-tract for Electrical and Mechanical Works，简称 FIDIC "黄皮书"）、《业主/咨询工程师标准服务协议书》（Client/Consultant Model Services Agreement，简称 FIDIC "白皮书"）、《设计—建造与交钥匙工程合同条件》（Conditions of Contract for Design— Build and Turnkey，简称 FIDIC "橘皮书"）、《转包合同条件》、《咨询分包协议》、《招标程序》等。

FIDIC 合同条件体系具有国际性、通用性和权威性。其合同条款公正合理、职责分明、程序严谨、易于操作。考虑到工程项目的一次性、唯一性等特点，FIDIC 合同条件分成了"通用条件"和"专用条件"两部分。通用条件适于某一类工程。如红皮书适于整个土木工程（包括工业厂房、公路、桥梁、水利、港口、铁路、房屋建筑等）。专用条件则针对一个具体的工程项目，是在考虑项目所在国法律法规不同、项目特点和业主要求不同的基础上，对通用条件进行的具体化的修改和补充。几种合同，格式划一，便于调整"组合"适应各类需要。三种主要合同格式都采用固定的 20 条"通用条件"，在各自"专用条件"中可互相借鉴调整"组合"，如设计要求、价格确定、风险分担等都可在"专用条件"中根据业主的最佳选择，参照其他合同格式做出规定，形成多种新版合同格式，以适应各种项目管理模式的需要。

第五节　工程管理专业学习方法建议

为适应工程管理系统性、综合性、严谨性等特点，同时在毕业后能顺利通过严谨、完善的执业资格认证考试（测试）而成为工程管理从业人员，学生在大学阶段必须掌握良好的基础理论知识和技术方法，形成运用所学知识和方法分析、解决工程管理实践问题的能力。认真学好基础及专业课程，注重知识的融会贯通和加强实践技能培养，是学生努力学好工程管理相关知识和技术方法的基本要求。

一、认真学好基础课程

工程管理专业本科基础课程包括公共基础课与专业基础课两部分。

公共基础课程和专业基础课程是高等教育的"基石"，极其重要，不可或缺，必须予以充分的重视。"拓宽专业，加强基础"是我国高等教育深化教学内容、教学方式改革的两个侧重点，世界上许多教育发达的国家都认为"宽口径，厚基础"是大学教育比较成功的模式。如果将一个人取得的成就比作宝塔上的明珠，那么专业知识则是宝塔的塔身，而基础知识则是宝塔的塔基。充分重视基础课程的学习，不仅能使我们获得丰富的基础知识，同时可逐步培养出我们的探索精神和勤于学习、善于学习的习惯，使我们能够多视角地认识自身和周边世界，从而至少能在一个知识领域中进行专门、集中和持续学习并取得良好的成效，能够享受到终生学习的乐趣并形成适应环境变化的能力。

（一）公共基础课程

公共基础课是高等学校各专业或者一定类别专业的学生所必须学习的基础课程，"公共性"是其基本属性。公共基础课一般对一年级大学生开设，其知识掌握的程度对学生后续的专业学习及其终身发展中将产生深刻、长远的影响。

《计算机信息基础》、《高等数学》和《大学英语》等课程对于工程管理专业学生十分重要，学好这些课程对今后的学习和工作都很有帮助。

1. 计算机信息基础

二十一世纪是知识经济和信息经济时代。信息技术已经成为经济发展的助推器，越来越深刻地影响和改变着企业的经营、管理和销售模式。党的十五届五中全会指出："信息化是当今世界经济和社会发展的大趋势，也是我国产业优化升级和实现工业化、现代化的关键环节"。努力学习和良好掌握计算机和信息技术，对于推动工程管理信息化具有十分重要的意义和事半功倍的作用。

AutoCAD（Computer Aided Design，CAD）是由美国 Autodesk 公司开发的通用计算机辅助设计软件，具有易于掌握、使用方便、体系结构开放等优点，能够绘制二维图形与三维图形、标注尺寸、渲染图形以及打印输出图纸，目前已广泛应用于机械、建筑、电子、航天、造船、石油化工、土木工程、冶金、地质、气象、纺织、轻工、商业等领域。

AutoCAD 自问世以来，已经经历了十余次升级，其每一次升级，在功能上都得到了逐步增强，且日趋完善。AutoCAD 因其具有强大的辅助绘图功能，目前已成为工程设计领域中应用最为广泛的计算机辅助绘图与设计软件之一。AutoCAD 在工程领域的应用能大大缩短绘图的时间，提高图形的精确度和美观性，给产品设计和施工组织乃至工程管理的整个过程带来了极大的方便（图 5-11）。

在三维辅助设计技术（D-CAD）的基础上，Graphisoft 公司考虑时间和成本因素，发布了一套五维（即三维模型＋时间＋成本）虚拟施工软件（Virtual Construction™）。通过虚拟施工软件进行建模，对施工过程进行事先的动态模拟，检查施工中的冲突和碰撞等现象，可以在项目阶段计划制定的初期及早发现问题，减少施工方案的不确定性，提高生产的稳定性和生产的效率；同时，有效缩短工程估价和预算的时间，显著提高工程量、工程造价预算的准确性（图 5-12）。

目前在我国使用比较广泛的造价软件有"神机妙算"、"广联达"等。利用软件内部的数据库，可以实现灵活的换算功能，如标准换算、自动换算、类别换算等；也可以直接修改人工、材料、机械的单价，系统自动产生相应的计算结果；还可以实时汇总工程量清单表、工料分析表、费用表等。

此外，尚有一些房地产项目工程管理软件、电力水利工程管理软件、公路工程管理软件、石油化工工程管理软件在各种类型的工程实践中得以应

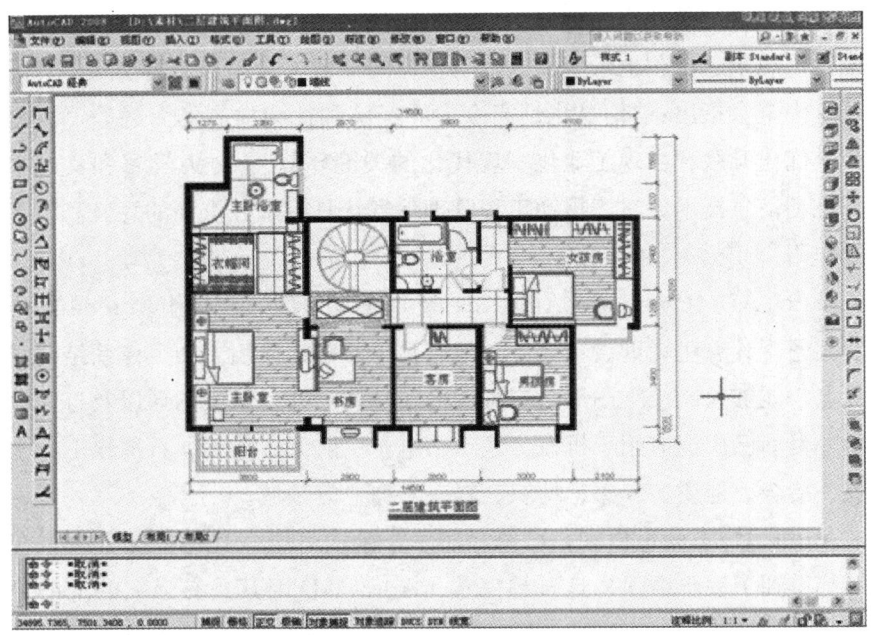

图 5-11   用 AutoCAD 绘制的建筑平面图

图 5-12   香港港岛东工程利用虚拟施工软件进行模拟与实际施工的对比

用。学会使用工程管理软件，乃至于结合工程管理实践进一步完善和开发软件，除了掌握工程技术的专业知识之外，还必须掌握计算机的基本原理和操作，因此，必须充分重视计算机相关知识的学习。

2. 大学英语

大学英语的教学目标是培养学生的英语综合应用能力，特别是听说能力。通过教学使学生在今后实际工作和社会交往中能用英语有效地进行口头和书面的信息交流。同时培养学生自主学习能力，提高学生综合文化素养，以适应我国社会发展和国际交流的需要。

发展对外承包工程是我国实施"走出去"战略的重要一步。经济全球化的深入发展、国际产业重组和发展中国家工业化进程的加快给我国对外承包工程的发展带来了新的机遇，工程规模日益扩大，合作领域不断拓宽，对外承包工程的市场从过去以非洲、中东为主，扩展至遍及世界 180 个国家和地区，基本形成了"亚洲为主、发展非洲、恢复中东、开拓欧美和南太"的多元化市场格局。2010 年我国对外承包工程新签合同额约 1300 亿美元，完成营业额约 900 亿美元，同比分别增长了 3％和 16％，我国对外承包工程面临着广阔的发展前景。

国际工程合作日益加大的趋势既是机遇，同时对我国工程管理行业的外语交流能力提出了更高的要求。合作的各方必须按照国际规则办事，这就要求我们除了具有熟练的外语听说、阅读和较好的信函、合同书写能力外，还应熟悉和理解国际通用的工程管理专业用语、行业规则、运行方式和法律文本等。通过大学阶段形成较强的英语应用能力，是工程管理专业毕业生今后从事国际工程管理等涉外相关工作的必要条件。

3. 高等数学

数学是一门逻辑性很强的学科。逻辑思维能力是高素质人才应具备的一种重要能力，它通常包括抽象与概括的能力、分析与综合的能力、归纳与演绎的能力。高等数学是教育部指定的理工科各专业及经济、管理等学科专业的核心课程，也是学生应掌握又较难掌握的基础知识；它不仅是提高学生文化素养的基础课，还为学生后续学习专业课和从事专业技术工作提供必需的数学工具。

工程实施伴随着诸多风险和不确定性因素。作为一名优秀的工程管理者，必须具有较强的数理分析能力，善于从问题的定性描述逐步过渡到定量的分析和计算，并通过对结果的数理统计推理来检验并说明结论的准确性和可信度。即能够根据实际问题的已知条件，把一个复杂的工程实际问题抽象简化为数学问题，建立数学模型并利用数理统计方法进行参数检验和回归分析。

随着经济社会的发展，国家实施的重大工程越来越多。在这些工程的实施工程中工程管理者必将遇到更多的技术、资金难题。需要学生通过在校期间学好高等数学这门基础课程，掌握基本的数学理论和方法，形成良好的逻辑思维与抽象思维能力，从纷繁复杂的工程实践表面现象中，分析归纳出具有代表性的一般规律，借助正确的理论、方法和工具形成解决问题的对策与措施。

（二）专业基础课程

专业基础课是在学生已掌握一定公共基础课程知识的前提下，为学生适应专业课程学习的需要而设置。在工程管理专业课程结构中，专业基础课处于承前启后的地位。学好专业基础课有助于提高学生的认知水平和解决问题的能力，从而为学习专业课和从事专业工作提供理论和技术准备。

从专业基础课的内容属性看，大多具有理论性和实践性强、新概念多、分析较为深入的特点。在理论方面上，专业基础课注重运用课程中的基本理论去解释、透析专业现象和问题，引导学生深入学习新理论、新技术，促使学生顺利地踏上专业课学习的轨道；在内容设置上，专业基础课兼顾后续专业课的需要，大幅度地增加相关专业的知识并有相当的深度和难度。

自学能力是指通过自主学习方式获得新知识的能力。在专业基础课程学习中，学生应注意对学习方法的掌握，努力形成自主学习的习惯。部分学生不注重探索、思考和总结正确的学习方法，不愿意多看书，不善于看书，看了书也归纳不了问题，理不出头绪，抓不住关键，找不出内在联系，形成不了整体概念，这些都是缺乏自学能力的表现。学生应该不断探索和逐步形成适合自己的学习方法，在学习过程中能够提纲挈领、明确主次、分清层次、弄清概念，从而准确有效地获得完整的专业基础知识。

专业基础课程的学习过程是学生培养分析能力的重要环节。分析能力是指借助正确的理论和方法，通过表面现象了解、把握事物实质的能力。具备一定分析能力的人，能透过事物的复杂表象，明确事物本质，洞察问题关键，抓住矛盾所在，从而准确迅速地解决问题。掌握知识是为了在实际中运用知识，否则就是死知识。缺乏分析能力，就会在具体复杂的事物面前束手无策；或者分析、判断失误，进而得出错误结论和无助于问题得以解决的对策和措施。分析问题，需要根据事物现象或具体任务，观察或检验问题的表现特征，摸清问题的性质特点，分析事物的可能原因，初步得出解决的几种方案，经过比较判断后确定可行的解决方法，进而着手解决。分析能力的形成有赖于对事物内在客观规律和观察分析事物有效方法的良好掌握，这需要在学习和工作实践中不断积累。

学习专业基础课是学生用基础理论知识去分析专业现象和问题的初步尝试，是学生强化理论与实际相结合的开端，也是学生由学习者向从业者转化的起点。专业基础课的承上启下作用主要体现为学生将由抽象思维为主向形象思维为主过渡，开始尝试用所学的较为抽象的基础理论知识去观察、思考和理解较具体、形象的专业现象和问题。因此，实践性教学是专业基础课的重要教学环节。要使书本知识真正转化为实际工作能力，即能运用理论知识独立地去分析、解决问题，必须借助实际运用能力的培养训练过程，帮助学生从本质上感知、认识和理解学过的知识，进而形成运用知识去观察、分析和解决实际问题的能力。

下面，仅以《工程制图》课程的学习为例，介绍专业基础课程学习应掌握的一般方法。

《工程制图》课程任务之一是将三维空间的几何体转化为二维空间的平面图形，即把工程上很难用语言和文字表达清楚的物体（如地面、建筑物等）形状、大小、位置等在平面图纸上用图形表达出来；任务之二是将二维空间的平面图形转化为三维空间的几何体，即第一种情况的逆向过程。学习《工程制图》等抽象思维能力要求高，实践性、严谨性强的专业基础课程，学生必须注意研究、掌握正确的学习方法，努力提高学习效果。

首先，必须熟练地掌握正投影理论和制图基本知识。工程图是工程界通用的"语言"，而画法几何则是这种"语言"的"语法"。只有理解制图的基本原理和基本步骤，掌握制图基本知识，才能正确地绘制和读识各种工程图样，为系统全面掌握《工程制图》课程知识奠定基础。

其次，必须良好掌握读图方法。读图既是《工程制图》的重点又是难点，它是一个十分复杂的思维过程，没有一个固定的模式，但客观存在一定的规律。只要我们充分掌握图形的各种信息和各种立体的投影特点，就能够解构各种复杂的图形，使其由大变小、由繁化简。对于空间思维能力比较弱的同学，应更注重通过反复练习建立实际物体与抽象几何体的内在联系，多观察立体模型和实物，熟悉各种立体的结构，在头脑中构思立体的形状。从二维的平面想象出三维形体的形状，这是多数初学者面对的一道难关。同学们开始时可以借助于一些模型，加强图物对照的感性认识，但不能过分依赖这种对照实物制图的手法，要下功夫培养空间想象能力及解体能力，逐步减少使用模型，直至可以完全依靠自己的空间想象能力，将二维和三维图形准确地联系起来。

第三，在上述学习过程中必须认真对待每次动手实践的机会，按时、按质、按量完成一系列的绘图、识图作业，这是巩固课堂知识和形成能力的必要环节。工程图纸是施工的根据，图纸上一条线的疏忽或一个数字的差错，都可能造成"差之毫厘，失之千里"的后果，轻者返工重修，导致工期延长，成本增加；重者可能留下难以预料的工程隐患，可能造成的损失难以设想。学生必须从初学制图开始严格要求自己，养成认真负责、一丝不苟的工作态度和遵守规范、细致严谨的职业习惯。

二、注重知识融会贯通

工程管理专业是新兴工程技术与管理等学科交叉复合而成的学科，其目标是培养适应 21 世纪国内外经济建设发展需求，具备工程技术、管理学、经济学及法律知识的应用型、复合型人才。建立在技术、管理、经济和法律四个知识平台之上的工程管理专业教学和课程体系，为工程管理行业应用型、复合型人才的培养奠定了基础。然而，目前工程管理专业课程仍客观存在条块分割，知识融合度不够的现象，犹如缺乏搅拌和融合的砂石、水泥和钢筋，未能形成紧密结合、强度倍增的"基石"，难以达到支撑高楼大厦的技术要求。砂、石、水泥和钢筋虽然各有用途，但只有通过砂、石、水泥加水搅拌后，以钢筋为骨架浇筑成型，硬化成为坚固的整体，才能支撑起一栋栋摩天大楼（图 5-13）。工程管理专业教学和学习应该借鉴钢筋混凝土的形成机理，通过"物理搅拌＋化学融合"式的学习方法，帮助同学们在学习过程中将各个不同类别的主干课程要点适当的串联、汇集，将相关知识、技术有机组合，达到知识的融会贯通，学为所用，逐步成为能够胜任现代工程管理工作的复合型人才。

（一）知识的物理搅拌

知识的物理搅拌，是指打破目前工程管理专业不同课程间存在的泾渭分明和条块分割现象，将各门主干课程内容适度地联系，达到主干课程知识面

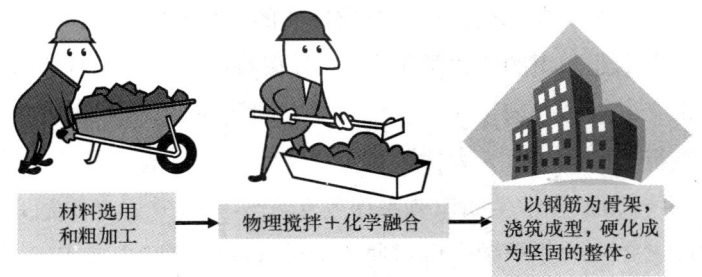

图 5-13　材料精选、物理搅拌和化学反应三阶段学习方法

上的"物理搅拌"。这一过程强调知识表面上的整合。犹如在混凝土物理搅拌过程中，采用破碎强化的方法，将水泥颗粒进一步破碎，使其比表面积增大，新破碎的表面具有较高的表面活化能，这就使水泥水化反应加快，混凝土强度可以提高 20%～30%。借鉴这种方法，通过反复解构和组合课程内容，在学习实践中将所学的知识重新搭接和有机组合，深入了解局部，系统把握整体，明确相互联系，有助于增强学习效果。以学习《工程估价》课程为例。要正确估算一幢楼房的造价，需要我们将整幢楼房"分解"为基础、主体结构、设备安装等若干部分，其中每一部分再按实际需要依次细分，直到形成与工程定额相对应的计算单元。得到若干计算单元的造价后，逐一汇总方可得到整幢楼房的造价。在此过程中，由平面图纸"还原"立体实物、立体实物的合理解构、每一单元的正确估价及工程量的准确计算等环节密切联系，相互影响。缺乏对总体的把握和对局部的深入了解，将难以完成整幢楼房造价的正确估算。显然，在"一幢楼房造价估算"这一过程中，需要综合运用《工程制图》、《工程结构》、《工程材料》、《房屋建筑学》、《工程施工》和《工程估价》等技术类课程的知识。只有通过上述知识的"搅拌"，学生才能形成系统、完整的知识结构，形成解决工程实际问题的能力。因此，知识的物理搅拌是我们走向成功的第一步。在我们学习不同课程的过程中，必须有意识地把相互关联的知识联系起来，注重其相互"搅拌"，为正确理解、掌握知识以及在更高层面上进行的知识融合做好铺垫。

（二）知识的化学融合

化学融合与物理搅拌相比，本质的区别在于后者仅仅局限各个组成部分面上的交融组合，而化学融合着眼于本质性能的改善和提高，强调通过将各个组成部分有机融合在一起，达到物质性质的改变和提升。

工程管理专业知识的"化学融合"，旨在将解决某一具体工作的所有相关课程知识有机组合起来，在一个统一的平台下形成专业知识的有机融合，实现知识重组，出现"摩天大楼"式化学反应，从"量的积累"到"质的飞跃"。四个平台知识在学生知识体系中发生化学反应并融会贯通，形成知识的有机整体。知识的化学融合可以通过渐进式的学习模式来实现。

同样以《工程估价》这门课程为例。在时间安排上，先学专业基础课程，掌握工程制图、房屋建筑等技术平台的课程，专业知识的内容由浅入深，由易到难，由局部到整体，由分析到综合逐步展开。内容设置上，相关知识前后搭接，步步深入，实现从分散到综合的过渡。这个模式是推进化学融合的有效方式。一方面，它根据课程之间的逻辑关系确立彼此的先后顺序，从而让学生在专业知识的获取上由浅入深、由易到难、由简单到复杂、由分散到综合；另一方面，学生在学习过程中，可以保持动态的学习热度和积极性，这种全过程的学习方式易于学生掌握、消化和吸收所学的知识，真正达到学以致用的目的（图 5-14）。

图 5-14   "阶梯式"学习模式

通俗地说，所谓的学习方式的"化学融合"是指学生在学习、应用一门课程的知识和技术方法时，应努力开拓思路，拓展本门课程知识与其他课程知识之间的关系。如在进行《工程估价》课程学习和实习时，尽管本门课程的要求是算出某一构件、某一分部分项工程乃至某一建筑产品的成本，但作为学生在完成《工程估价》课程内容的同时，可以设想：构件制造或施工过程在结构和工艺上是否符合工程技术在强度、功能、安全等方面的要求，有无进一步改进的必要？构件制造的材料选择是否最为经济？施工过程的组织与安排是否最为合理？构件生产和施工过程在经济关系、环境保护等方面是否符合现行建筑法律法规等等。为此，不同学科间课程知识在反复的交叉运用中实现融会贯通，学生逐步形成有效运用工程技术、管理、经济、法律基本理论和技术方法的综合能力。只有这样的学习，才是具有创造性的最有效率的学习。

三、强化实践技能培养

工程管理以具体的工程项目为对象，具有鲜明的务实性和精确性。工程管理人员扮演着"外科医生"的角色，需要他们来解决工程项目实施过程中发生的诸如进度拖延、质量缺陷、投资超支等各种"疾病"。

工程管理行业需要的是有专业技术功底和实际操作能力的管理者。因此，我们在掌握扎实的基础理论的同时，还必须注重通过各种形式的实践活动培养和锻炼自身的实践技能，做到理论知识与工作实践的良好结合，不断提高解决工程实际问题的能力。

为帮助学生更好更快地掌握专业技术和方法，通过实验和实习加深对理论知识的理解，促进学生对所学课程知识的消化和吸收，工程管理专业教育十分重视实践教学环节。目前，实践教学环节主要有认识实习、课程实习、生产实习、毕业实习、实验、课程设计、毕业设计、毕业论文等。另外，学校会安排一定数量的学时，聘请工程界、实业界有关专家进行专题讲座或与学生进行专题研讨，以增强学生对相关专业实际发展状况的了解。

（一）认识实习

刚刚进入大学的大部分学生对"工程施工"不甚了解或知之甚少，通过认识实习这一环节，能够帮助学生初步了解施工现场状况和管理过程，形成对工程项目管理活动的初步认识，从而激发学生对本专业的学习兴趣，为后续课程的学习增加施工现场的感性认识。通过认识实习活动，可以锻炼学生观察、理解实际问题的初步能力，培养学生认真、严谨的学习态度和工作作风。

在认识实习过程中，学生应严格按指导教师的安排，认真听取施工现场安全管理人员的入场教育，做好安全防范措施；主动和工程技术人员和工人师傅沟通，在技术人员或现场指导人员的辅导下熟悉工程概况和工地情况；认真观察工人师傅从事的砌砖、钢筋混凝土、装修等现场劳动，了解手工操作的基本技能。学生应仔细观察各种现象，认真听取现场介绍并做好现场参观的记录，通过撰写实习报告对参加认识实习的体会收获进行总结。

（二）课程实习

作为课程教学内容的重要组成部分，课程实习是与课程理论教学相配合进行的。如工程测量实习，在《工程测量》课程理论教学进行到一定阶段时，学校将安排一定时间集中进行。《工程测量》课程实习由5～8人组成小组，通过实际的测量活动，掌握主要测量仪器与工具（水准仪、经纬仪等）的实际操作，学会依据测量数据绘制地形图的基本方法，使所学的相对分散、抽象的测量知识通过综合应用而形成完整、系统的实际能力。同时，通过课程实习还有助于培养学生组织、协调和合作共事的能力。

学生良好完成课程实习任务，需要事前认真学好相关课程的理论知识，实习过程中虚心接受实习老师的指导，同时要充分发挥团体合作精神。某些课程实习内容多、时间紧，单靠一个人的力量难以高质量地完成，只有小组的合作和团结才能有效提高实习的效果，按时完成实习任务。

（三）生产实习

生产实习是教学计划的一个重要组成部分，是强化学生认识理解和掌握所学的基础知识和技术方法的重要手段和环节，是培养学生综合实践能力的有效方法，是学生进入社会的纽带和桥梁。

例如在《工程项目管理》的生产实习过程中，学生应用已学的专业知识和技术方法，编制实习工程的施工组织流程并与现场的施工组织流程相比较，找出二者的差异，分析各自的优缺点，从而初步形成施工组织管理的能力。另外，还可以深入现场，了解施工组织与管理实际过程，学习分析、处理施工组织与管理中常见问题的手段、程序和措施，为以后的实际工作积累经验。通过生产实习可以较全面地了解国内目前工程管理行业的发展水平，结合自己学过的专业知识，分析、研究工程管理实践中具有一般规律性的现象和问题，探索提高工程管理工作质量和效率的方法与途径。

学生在生产实习中应注意杜绝三种倾向。一是漫不经心、不以为然。部分学生认为所参与的工程实践无非是挖土方、砌砖块、拌水泥等简单劳动，与课程知识联系不多，实习价值不大。殊不知再宏大的工程也是由若干貌似简单的细小环节构成，"细节决定成败"，忽略细节将难以成为工程管理行业的合格从业人员。二是脱离实际、照本宣科。部分学生在实习过程中不注意对工程特定的条件全面、系统地把握和分析，将所参与、观察和了解到的现象机械的与曾经"学过"的课本内容相对照，轻易做出对、错、优、劣的结论。必须认识到课本内容是若干工程实践共性经验的抽象反映，对每一确定的工程实践并非句句适用、字字有效。理论对实践的指导作用并非一定是已有的结论对千差万别的工程实际问题的机械规定。三是浅尝辄止、不求甚解。还有部分学生在实习中接触工程实践后，片面地形成了工程管理只需要实际操作技能的观念，忽略了扎实的理论基础、系统的思维方法和全面的知识结构是指导实际操作，提高工作效率及水平的根本。缺乏完备的知识结构和良好的理论基础，或许能从事一时、一事的工程管理工作，但很难有长时间、多领域和高层次的发展。正确的学习态度是，注重生产实习中所参与和观察到的每一细节，深入了解其产生、形成、发展的实际背景和客观条件，结合所学的理论知识和技术方法对其进行认真的归纳、总结和分析，从而逐步提高自身对基础理论、技术方法的正确理解和运用能力。

工程管理专业实践教学环节的内容要求及学习方法建议见表5-10。

实践教学环节学习方法与要求 表5-10

活动形式 / 活动阶段	学习要求	实验课	设计课	实习课	课外科技活动
实践课前	复习已学理论	基本概念、基本原理、基本方法			
	弄清学习目的	实验目的（验证、观察、研究或其他）	设计目标和设计阶段（方案设计或施工图设计）	对现象、过程和工具的认识与操作	课题内涵及其目标
	搜集信息资料	以往的实验报告，与本实验有关的资料，与本实验有关的仪器设备	社会需求，自然及环境条件，材料、技术、制造条件，经济、市场条件，以往的设计资料	以往的实习报告，操作规程，岗位职责，现场生产的一般情况	阅读有关文献，参阅相近的研究报告，材料、设备、资金情况

续表

活动形式＼活动阶段	学习要求	实验课	设计课	实习课	课外科技活动
实践课初	自拟方案计划	实验方案、计划、仪器设备	设计方案、计划	个人实习计划	科技活动方案、计划
实践课间	完成技能训练	熟悉仪器设备，掌握实验技能（安装、测试、记录、校正等）	查阅技术标准，掌握设计技能（运算、上机、校核、绘图等）	操作技能，处理技术问题	调查研究，实验，统计分析等
	勤观察多思考	观察实验现象，了解事务本质	从综合比较分析中寻找最佳方案	观察思考生产过程中的技术和管理问题	科学技术事实及其概括，直觉、灵感与科学发现
	锻炼创新能力	创新的思想意识、认知风格、处置方法、工作态度			
	解决实际问题	描述实验现象，统计分析实验数据，得到实验结论	按照设计目标完成设计任务，满足各项设计指标	记录实际生产过程，解决若干生产中遇到的实际问题	完成课题
实践课末	做好文字总结	实验报告	设计说明书，计算书	实习报告	科技小论文

思　考　题

1. 工程管理专业的培养目标是什么？

2. 工程管理专业毕业生应当具备哪些方面的知识和技能？

3. 为什么工程管理专业需要加强实践教学环节？

4. 在工程管理专业的学习过程中，应如何加强相关知识的融会贯通？

第六章　工程管理市场准入与就业导向

第一节　工程管理行业市场准入

执业资格制度是市场经济国家对专业技术人员管理的通行做法。按照分类管理原则，我国已经在一些事关国家财产安全、公众利益和人民生命财产安全的关键岗位实行执业资格制度，如注册医师执业资格、注册安全工程师执业资格、注册税务师执业资格和律师执业资格等。目前，我国建设行业已建立了房地产估价师、监理工程师、注册建筑师、造价工程师、勘察设计注册工程师、注册城市规划师、房地产经纪人和建造师等执业资格制度，基本形成了以教育评估、执业实践、资格考试、注册管理、继续教育和信用档案为主要内容的管理体系。

工程管理公正性、系统性、复杂性、严谨性和规范化等行业特点，要求从业者具有良好的知识结构和较强的实际工作能力。为确保从业人员具备应有的素养，通过严格的市场准入制度，规范各类人员进入工程管理行业的渠道和方式，评价、认定各行业中工程管理人员的能力和资格，明确各行业中工程管理人员的执业范围和职能职责，是一项带有基础性、全局性的工作。市场准入制度的建立与不断完善，对于加强工程管理行业与从业人员管理，提高各行业建设工程质量和效益，发挥着十分重要的作用。

一、职业资格与执业资格的区别

职业资格与执业资格是两个非常容易混淆的概念，因为二者不仅有着相同的读音，连涵义也非常接近。简单地说，职业资格的范畴大于执业资格，它包括从业资格和执业资格。

从业资格是政府规定技术人员从事某种专业技术性工作的学识、技术和能力的起点标准，例如劳动保障部门和人事部门推行的职业技能（资格）鉴定大都属于这一类。从业资格可通过学历认定或考试取得。

执业资格是政府对某些责任较大、社会通用性强、关系公共利益的专业技术工作实行的准入控制，是专业技术人员依法独立开业或独立从事某种专业技术工作学识、技术和能力的必备标准，例如目前应用较广的会计上岗证、律师执业资格证书等都属于这个范畴。执业资格通过考试方法取得。考试由国家定期举行，实行全国统一大纲、统一命题、统一组织、统一时间。执业资格实行注册登记制度，通过考试取得《执业资格证书》后，要在规定的期限内到指定的注册管理机构办理注册登记手续。所取得的执业资格经注册后，全国范围有效。超过规定的期限不进行注册登记的话，执业资格证书及考试成绩就不再有效。

由此可见，职业资格是国家推行就业准入制度的证书，所有行业都必须持证上岗，而执业资格是特殊行业从业的资质证明。此外，职业资格证书的下发和管理部门是劳动部门，而执业资格证书的下发和管理部门是人事部门。

截止2009年6月30日全国已开考各类执业资格共计数十项，主管部门及资格名称如下：

我国现行执业资格项目（截止2009年6月30日）　　　　表6-1

主管部门	执 业 资 格
司法部	执业律师
卫生部	执业医师、执业药师、执业护士、注册营养师
财政部	注册会计师、注册资产评估师、注册资产评估师（珠宝）
农业部	执业兽医
水利部	注册水利工程师、注册水利工程监理工程师
住房和城乡建设部	注册造价工程师、注册监理工程师、注册土木工程师、注册化工工程师、注册城市规划师、注册物业管理师、注册电气工程师、注册机械工程师、注册冶金工程师、注册房地产估价师、注册房地产经纪人、注册公用设备工程师、注册采矿/矿物工程师、注册石油天然气工程师、注册建造师（一级、二级）、注册建筑师（一级、二级）、注册结构工程师（一级、二级）
国土资源部	注册土地估价师、注册矿业权评估师、注册矿产储量评估师
国家测绘局	注册测绘师

续表

主管部门	执 业 资 格
中国地震局	一级、二级地震安全性评价工程师
环境保护部	注册核安全工程师　注册环境影响评价工程师
国家税务总局	注册税务师
国家发展和改革委员会	注册咨询工程师（投资）、注册价格鉴证师
中国证券监督管理委员会	国际注册投资分析师
中国保险监督管理委员会	中国精算师、中国准精算师
国家安全生产监督管理总局	注册安全工程师
国家质量监督检验检疫总局	注册设备监理师、注册棉花质量检验师、一级、二级注册计量师、注册珠宝玉石质量检验师
住房和城乡建设部、水利部共管	注册土木工程师（水利水电工程）
交通运输部、农业部共管	注册验船师
住房和城乡建设部、环境保护部共管	注册环保工程师
财政部、中国证券监督管理委员会共管	证券、期货特许注册会计师

二、国外工程管理行业市场准入

西方国家工程咨询市场的准入制度主要是对个人执业资格进行控制。把从事工程咨询业务的人员统称为"咨询顾问"或"咨询工程师"。咨询工程师主要有注册建筑师、注册工程师（包括结构工程师、水、暖、电、声、光、热、工艺、设备、自动化等专业工程师）、造价工程师、项目管理工程师等。从事工程咨询的人员基本上属于自由职业者，政府并不对其业务活动实行直接管理，而是通过自身的行业协会组织进行自我管理。因此，国外实行的市场准入制度，主要是对专业技术人员从事相关技术工作的资格予以认定。市场准入的标准，一般注重对从事咨询工作的个人所具有的独立完成工程咨询的能力进行评价；评价的方法是申请人必须取得规定的考试资格并通过必要的考试。只有考试合格的人员才具有申请专业技术称谓和从事相关技术工作的资格，才具备申请开办独立法人的工程咨询机构的基本条件。西方国家专业人士的执业资格和注册条件一般包括学历教育经历、职业实践和考试三个方面，而一般将接受过一定程度的学历教育和从事过相关技术工作的职业实践规定为取得考试资格的必要条件。

三、国内工程管理行业市场准入

改革开放以来，我国通过建立完善的执业资格认证体系，推动工程管理行业形成了严格的从业人员市场准入制度。执业资格认证是指对具备一定专业学历、资历的从事工程技术活动的专业技术人员，通过考试和注册确定其执业的技术资格，获得从事相应工程技术工作资格的一种制度。工程管理专业的学生毕业后从事工程管理的有关实际工作，在满足一定的条件后可以参加多种形式的国家资质和资格认证考试，取得相应的执业资格，从而在执业资格证书许可的范围内从事工程管理工作。工程管理相关行业目前设有建造师、造价工程师、咨询工程师、监理工程师、物业管理师、房地产估价师和房地产经纪人等执业资格。下面择其重点予以介绍。

（一）建造师

1. 概述

建造师执业资格制度起源于英国，英国皇家特许建造师认证制度由世界范围内建筑管理行业最大的认证机构——英国皇家特许建造学会（CIOB）建立，迄今已有150余年的历史。世界上许多发达国家已经建立了该项制度。我国建筑业规模庞大，人数众多，从事建设工程项目总承包和施工管理的广大专业技术人员，特别是在施工项目经理队伍中，建立建造师执业资格制度对于整顿和规范建筑市场秩序、保证工程质量安全、培养高素质施工管理人员、开拓国际建筑市场、增强对外工程承包能力等方面都有着积极作用和重要意义。2002年12月，人事部、建设部联合印发了《建造师执业资格制度暂行规定》（人发〔2002〕111号），标志着我国建造师执业资格认证制度正式建立。《建造师执业资格制度暂行规定》明确，我国的建造师是指从事建设工程项目总承包和施工管理关键岗位的专业技术人员。

建造师与项目经理定位不同，但所从事的都是建设工程的管理工作。由于建造师执业的覆盖面较大，涉及工程建设管理的许多方面，因而建造师选择工作的范围和灵活性相对较大，可在建设市场各领域和各层面从事相关工作。项目经理岗位则是企业设定的，项目经理是企业法人代表授权或聘用的，从事某一确定工程项目的管理者，其职责是根据企业法定代表人的授权，对工程项目自开工准备至竣工验收的全过程实施全面的组织管理。国家强制性要求大中型工程项目的项目经理必须由取得建造师执业资格的建造师担任，因此，注册建造师资格是担任大中型工程项目经理的一项必要条件。但选聘哪位建造师担任项目经理，则由企业决定，是企业行为。

我国实行建造师分级管理，将建造师分为一级建造师（Constructor）和二级建造师（Associate Constructor），使整个建造师队伍适合我国建设工程项目量大面广，规模差异悬殊，各地经济、文化和社会发展水平差异较大，不同项目对管理人员要求不同的特点。一级注册建造师可以担任《建筑业企业资质等级标准》中规定的特级、一级建筑业企业可承担的建设工程项目施工的项目经理；二级注册建造师只可以担任二级及以下建筑业企业能承担的建设工程项目施工的项目经理。

一级建造师执业资格考试实行全国统一大纲、统一命题、统一组织的考试制度，由人事部、住房与城乡建设部共同组织实施，原则上每年举行一次考试。二级建造师执业资格实行由全国统一大纲，各省、自治区、直辖市命题并组织实施的考试制度，但近年来，全国绝大部分省、自治区、直辖市采用住房与城乡建设部统一命题。

2. 考试科目

一级建造师执业资格考试设《建设工程经济》、《建设工程法规及相关知识》、《建设工程项目管理》和《专业工程管理与实务》4 个科目。《专业工程管理与实务》科目设置了建筑工程、公路工程、铁路工程、民航机场工程、港口与航道工程、水利水电工程、市政公用工程、通信与广电工程、矿业工程和机电工程等十个专业类别，在报名时可根据实际工作需要选择其一。一级建造师执业资格考试分 4 个半天，以纸笔作答方式进行。《建设工程经济》科目的考试时间为 2 小时，《建设工程法规及相关知识》和《建设工程项目管理》科目的考试时间均为 3 小时，《专业工程管理与实务》科目的考试时间为 4 小时。考试成绩实行 2 年为一个周期的滚动管理办法，参加全部 4 个科目考试的人员必须在连续的两个考试年度内通过全部科目。

二级建造师执业资格考试设《建设工程施工管理》、《建设工程法规及相关知识》、《专业工程管理与实务》3 个科目。

3. 报考条件

凡遵守国家法律、法规，具备以下条件之一者，可以申请参加一级建造师执业资格考试。取得工程类或工程经济类大学专科学历，工作满 6 年，其中从事建设工程项目施工管理工作满 4 年；取得工程类或工程经济类大学本科学历，工作满 4 年，其中从事建设工程项目施工管理工作满 3 年；取得工程类或工程经济类双学士学位或研究生班毕业，工作满 3 年，其中从事建设工程项目施工管理工作满 2 年；取得工程类或工程经济类硕士学位，工作满 2 年，其中从事建设工程项目施工管理工作满 1 年；取得工程类或工程经济类博士学位，从事建设工程项目施工管理工作满 1 年。

凡遵纪守法并具备工程类或工程经济类中等专科以上学历并从事建设工程项目施工管理工作满 2 年，可报名参加二级建造师执业资格考试。

4. 注册与执业

取得建造师执业资格证书的人员，必须经过注册登记，方可以建造师名义执业。

一级建造师执业资格注册，由本人提出申请，由各省、自治区、直辖市建设行政主管部门或其授权的机构初审合格后，报建设部或其授权的机构注册。准予注册的申请人，由建设部或其授权的注册管理机构发放由建设部统一印制的《中华人民共和国一级建造师注册证》。

二级建造师执业资格的注册办法，由省、自治区、直辖市建设行政主管部门制定，颁发辖区内有效的《中华人民共和国二级建造师注册证》，并报建设部或其授权的注册管理机构备案。

注册建造师可以从事建设工程项目总承包管理或施工管理，建设工程项目管理服务，建设工程技术经济咨询，以及法律、行政法规和国务院建设主管部门规定的其他业务。

（二）造价工程师

1. 概述

造价工程师是指具有工程技术、工程经济和工程管理的基本知识和实践经验，通过工程技术与经济管理密切结合，为工程项目提供全过程造价确定、控制和管理，从而在既定的工程造价限额内控制工程成本并取得最大投资效益的专业技术人员。造价工程师由国家授予资格并准予注册后执业，接受某个部门或某个单位的指定、委托或聘请，负责并协助其进行工程造价的计价、定价及管理业务，维护指定、委托或聘请方的合法权益。

18世纪末19世纪初英国工业革命前，建筑师就是总营造师，负责项目设计、购买材料、计算工程量、雇佣工匠并组织项目施工。随着建筑技术的发展，建筑师实现了专业分工，一部分建筑师联合起来进行设计，在技术咨询领域内发展；另一部分建筑师则负责工程施工或监督工程施工，从而形成了设计和施工的分离。设计和施工的分离导致了业主对工程质量进行监督和对工程造价进行确定与控制的需求。在当时的条件下较为通常的做法是建筑师根据工程预算的工程量确定工程所需的费用，并在工程完工后，按照各方协商认可的工程量及单价结算付给承建方工程款。由于当时没有适当的准则可作为计价标准，建筑师和承建方之间就工程费用往往很难达成最终一致的结算。为此，承建方开始雇佣自己的工程量核算人员，对建筑师提出的各项工程量清单进行核对。然而，社会各界对承建方自己雇佣的工程量核算人员缺乏信任，因为这一作法极易导致承建方受利益驱动而增大工程量的计算。

1830年，英国立法推出总承包，政府规定工程必须有一名总承包商进行承包，产生了工程开工前承包商之间进行价格竞争和以总价合同为基础的招标方式。作为总承包招标的工作内容，客观上需要业主和承包商雇佣双方认可的专业人士计算工程量，以便各承包商在同一张工程量清单上报价和竞价。1837年英国通过了威特烈保护法，要求雇佣公用的工料测量师（Quantity Surveyor）计算工程量。1862年英国皇家建筑师学会（The Royal Institute of British Architects，简称RIBA）发表声明支持由工料测量师确定工程量。1868年3月成立了英国测量师学会，随之1878年在英国颁布的《市政房屋管理条例（修正案）》中，测量师地位得到了法律承认。至此，工料测量师的地位和作用得到广泛的认可。1881年维多利亚女王准予皇家注册，1921年皇家赐予赞誉，1946年启用"皇家特许测量师学会"（RICS）称号，一直沿用至今。

我国改革开放前，基本建设领域实行从前苏联引进并消化吸收的工程概预算制度，概预算编制的依据是"量价合一"的概算、预算定额。与国外早期的建筑师主导模式相似，我国工程建设领域未能有效发挥工程造价专门机构和专业人员应有的积极作用。改革开放后，工程投资效益问题受到更多的重视。20世纪80年代后期，基本建设体制发生重大变化，其中重要标志首先是投资主体多元化，国家已不再是唯一的投资主体；其次是大量乡镇企业和私营承包商队伍大量崛起，打破了原来单一全民所有制国家机构为业主，国有施工企业为承包商的格局，出现了业主和承包商价值、利益取向多元化的新局面，客观上要求明确工程概预算人员的中立、公正地位，以便不同利益群体对工程量和工程定额的认可。80年代中期，黑龙江省率先开展工程概预算人员持证上岗制度，而后国内各省、自治区、直辖市和国务院各部委纷纷效仿。自20世纪90年代初，全国初步建立起条块分立、有限互认的工程概预算人员持证上岗制度，基本上确立了工程概预算人员在工程实施全过程中的地位和作用。

随着我国由有计划的商品经济向社会主义市场经济过渡，原有的工程概预算方法难以满足新形势下工程管理的要求。工程招投标制度、工程合同管理制度、建设监理制度、项目法人责任制等工程管理基本制度的确立，工程索赔、工程项目可行性研究、项目融资等新业务的出现，客观上需要一批同时具备工程计量与计价技能、通晓经济法与工程管理的人才协助业主在投资等经济领域进行专项管理。同时为了应对国际经济一体化以及我国加入WTO后，开放建筑市场面临的国外建筑业进入我国的竞争压力，要求工程造价人才具有外语交流能力和通晓国际惯例。在这种形势下，建设部标准定额司和中国工程造价管理协会开始组织论证在我国建立既能体现中国特色，又能与国际惯例接轨的造价工程师制度。经过认真准备和充分论证，1996年底公布了造价工程师考试大纲以及相应的准入制度等文件，1997年正式在全国九个省市试点造价工程师执业资格考试，1998年在全国实施造价工程师执业资格考试。1999年全国范围内造价工程师执业资格考试停考一年，以修订考试大纲和修改教材，2000年开始全面恢复造价工程师执业资格考试。

2. 考试科目

造价工程师执业资格考试分为《工程造价管理基础理论与相关法规》、《工程造价的确定与控制》、《建设工程技术与计量》和《工程造价案例分析》共四个科目。四个科目分别单独考试、单独计分。参加全部科目考试的人员，须在连续的两个考试年度通过方为有效。

《建设工程技术与计量》分土建工程和安装工程两个专业，考试人员只需报考其中一个专业。安装工程专业以民用建筑和与民用建筑联系较密切的常见工业建筑安装项目作为共性内容，共性部分内容应考人员必考。个性部分内容又分为工艺管道与专用设备、电气与通信系统、自动化控制及仪表系统三个专业组，应考人员可根据本人从事的专业任选其中一个组别的试题参加考试。

3. 报考条件

凡中华人民共和国公民，遵纪守法并具备以下条件之一者，均可参加造价工程师执业资格考试：工程造价专业大专毕业后，从事工程造价业务工作满5年；工程或工程经济类大专毕业后，从事工程造价业务工作满6年；工程造价专业本科毕业后，从事工程造价业务工作满4年；工程或工程经济类本科毕业后，从事工程造价业务工作满5年；获上述专业第二学士学位或研究生班毕业和取得硕士学位后，从事工程造价业务工作满3年；获上述专业博士学位后，从事工程造价业务工作满2年。

4. 注册与执业

考试合格者，由各省、自治区、直辖市人事（职改）部门颁发人事部统一印制的、人事部与建设部用印的《造价工程师执业资格证书》。该证书在全国范围内有效。

取得《造价工程师执业资格证书》者，须按规定向所在省（区、市）造价工程师注册管理机构办理注册登记手续，造价工程师注册有效期为3年。有效期满前3个月，持证者须按规定到注册机构办理再次注册手续。

造价工程师在从事工程建设活动的建设、设计、施工、工程造价咨询等单位计价、评估、审核、审查、控制及管理等岗位执业；造价工程师只能在一个单位执业。造价工程师执业范围包括建设项目投资估算的编制、审核及项目经济评价，工程概、预、结（决）算，标底价、投标报价的编审，工程变更及合同价款的调整和索赔费用的计算，建设项目各阶段工程造价控制，工程经济纠纷的鉴定，工程造价计价依据的编审及与工程造价业务有关的其他事项。

（三）监理工程师

1. 概述

监理是指具有法定资质条件的工程监理单位根据建设单位的委托，依照法律、行政法规及有关的技术标准、设计文件和建筑工程承包合同，对承包单位在施工质量、建设工期和建设资金使用等方面，代表建设单位对工程施工实施监督的专门活动。监理工程师是指经全国统一考试合格，取得《监理工程师资格证书》并经注册登记的工程建设监理人员。

作为建筑工程投资者的建设单位（业主），为了取得好的投资效益，保证工程质量，合理控制工期，需要对施工企业的施工活动实施必要的监督。由于多数建设单位并不擅长工程建设的组织管理和技术监督，由具有工程管理方面专业知识和实践经验的人员组成的专业化的工程监理单位接受建设单位的委托，代表建设单位对工程的施工质量、工期和投资使用情况进行监督，对于维护建设单位的利益，协调建设单位与工程承包单位的关系，保证工程质量，规范建筑市场秩序都具有十分重要的作用。

我国从 1988 年开始推行工程监理制度。到 1996 年底，全国绝大多数的地方和行业已在各类建设项目中不同程度地实施了工程监理制度。实践表明，实施工程监理制度不仅有利于保证工程质量，有利于节省工程投资和合理控制工期，而且还有利于帮助和支持施工单位采用新技术、新工艺和文明施工、安全施工，从而达到节省劳力、降低成本的目的。

工程监理对建筑工程的监督，与政府有关主管部门依照国家相关规定对建筑工程进行的质量监督，二者在监督依据、监督性质以及与建设单位和承包单位的关系等方面都不尽相同，不能相互替代。工程监理单位对工程项目实施监督的依据，是建设单位的授权，代表建设单位实施监督。工程监理单位作为社会中介组织以公正的第三方的姿态出现进行监督，工程监理单位与建设单位、工程承包单位之间是平等的民事主体关系。监理单位如果发现承包单位的违法行为或者违反监理合同的行为应当向建设单位报告，自身缺乏行政处罚的权力。政府主管部门对工程质量监督的依据则是法律、法规的规定，在性质上属于强制性的行政监督管理。政府主管部门与建设单位和建筑工程承包单位之间属于行政管理与被管理的关系，不论建设单位和工程承包单位是否愿意，都必须服从行政主管部门依法进行的监督管理，政府主管部门有权对建设单位和建筑工程承包单位的违法行为依法作出处罚。

1992 年 6 月，建设部发布了《监理工程师资格考试和注册试行办法》

（建设部第 18 号令），我国开始实施监理工程师资格考试。1996 年 8 月，建设部、人事部下发了《建设部、人事部关于全国监理工程师执业资格考试工作的通知》（建监〔1996〕462 号），从 1997 年起，全国正式举行监理工程师执业资格考试。考试工作由建设部、人事部共同负责，日常工作委托建设部建筑监理协会承担，具体考务工作委托人事部人事考试中心组织实施。

考试每年举行一次，考试时间一般安排在 5 月中旬。原则上只在省会城市设立考点。

2. 考试科目

考试设《建设工程监理基本理论与相关法规》、《建设工程合同管理》、《建设工程质量、投资、进度控制》、《建设工程监理案例分析》共 4 个科目。其中，《建设工程监理案例分析》为主观题，在试卷上作答；其余 3 科均为客观题，在答题卡上作答。参加全部 4 个科目考试的人员，必须在连续两个考试年度内通过全部科目考试；符合免试部分科目考试的人员，必须在一个考试年度内通过规定的两个科目的考试，方可取得监理工程师执业资格证书。

3. 报考条件

凡中华人民共和国公民，身体健康，遵纪守法，具备下列条件之一者，可申请参加监理工程师执业资格考试。其中参加全科（四科）考试者，应具备工程技术或工程经济专业大专（含大专）以上学历，按照国家有关规定取得工程技术或工程经济专业中级职务，并任职满 3 年；按照国家有关规定取得工程技术或工程经济专业高级职务；1971 年（含 1971 年）以前工程技术或工程经济专业中专毕业，按照国家有关规定取得工程技术或工程经济专业中级职务，并任职满 3 年。

对从事工程建设监理工作并同时具备 1971 年（含 1971 年）以前工程技术或工程经济专业中专（含中专）以上毕业，按照国家有关规定取得工程技术或工程经济专业高级职务，从事工程设计或工程施工管理工作满 15 年，从事监理工作满 1 年等四项条件的报考人员，可免试《建设工程合同管理》和《建设工程质量、投资、进度控制》两科。

4. 注册与执业

考试合格者，由各省、自治区、直辖市人事（职改）部门颁发人事部统一印制的、人事部与建设部用印的中华人民共和国《监理工程师执业资格证书》。该证书在全国范围内有效。取得《监理工程师执业资格证书》者，须按规定向所在省（区、市）建设部门申请注册，监理工程师注册有效期为 5 年。有效期满前 3 个月，持证者须按规定到注册机构办理再次注册手续。

注册监理工程师可以从事工程监理、工程经济与技术咨询、工程招标与采购咨询、工程项目管理服务等业务。

（四）咨询工程师

1. 概述

注册咨询工程师是指通过考试取得《中华人民共和国注册咨询工程师职业资格证书》，经注册登记后，在经济建设中从事工程咨询业务的专业技术人员。咨询工程师业务能力强弱主要反映在完成客户或业主委托的任务中，在不同的工作阶段是否能够充分地运用各种有效的技能和方法，分析、解决工程实践中存在的各种问题，有效提高工作效率，保证委托任务实现预定的目标。

注册咨询工程师职业资格实行全国统一考试制度，原则上每年举行一次。

2. 考试科目

考试设《工程咨询概论》、《宏观经济政策与发展规划》、《工程项目组织与管理》、《项目决策分析与评价》、《现代咨询方法与实务》共 5 个考试科目。以 3 年为一个周期，参加全部科目考试的人员须在连续 3 个考试年度内通过全部科目的考试；免试部分科目的人员须在 1 个考试年度内通过应试科目。

凡符合下列条件之一者，可免试《工程咨询概论》、《宏观经济政策与发展规划》、《工程项目组织与管理》3 个科目。获国家计委或中国工程咨询协会优秀工程咨询成果奖项目及全国优秀工程勘察设计奖项目的主要完成人；在 2007 年底前按国家规定取得高级专业技术职务任职资格，并从事工程咨询相关业务满 8 年；通过国家执业资格考试，获得工程技术类执业资格证书，并从事工程咨询相关业务满 8 年。

3. 报考条件

凡中华人民共和国公民，遵纪守法并具备下列条件之一者，可报名参加注册咨询工程师（投资）执业资格考试：工程技术类或工程经济类专业大学专科毕业后，从事工程咨询相关业务满8年；工程技术类或工程经济类专业大学本科毕业后，从事工程咨询相关业务满6年；获工程技术类或工程经济类专业第二学士学位或研究生班毕业后，从事工程咨询相关业务满4年；获工程技术类或工程经济类专业硕士学位后，从事工程咨询相关业务满3年；获工程技术类或工程经济类专业博士学位后，从事工程咨询相关业务满2年；非工程技术类或工程经济类专业上述学历或学位人员，其从事工程咨询相关业务年限相应增加2年；人事部、国家发展计划委员会规定的其他条件。

4. 注册与执业

注册咨询工程师（投资）执业资格考试合格者，由各省、自治区、直辖市人事（职改）部门颁发人事部统一印制的、人事部与国家发展计划委员会用印的《中华人民共和国注册咨询工程师（投资）执业资格证书》。该证书在全国范围内有效。

取得《中华人民共和国注册咨询工程师（投资）执业资格证书》者，须按规定到所在省（区、市）注册机构办理登记注册手续，注册有效期为3年，有效期届满需要继续注册的，应当在期满前3个月内重新办理登记注册手续。

注册咨询工程师能从事以下工作：社会经济发展规划和计划咨询、行业发展规划和产业政策咨询、经济建设专题咨询、投资机会研究、工程项目建议书的编制、工程项目可行性研究报告的编制、工程项目评估、工程项目融资咨询、绩效追踪评价后评价和培训咨询业务、工程项目招投标技术咨询和国家计划发展委员会规定的其他工程咨询业务。

（五）房地产估价师

1. 概述

房地产估价师在国外已有几百年的历史，最早产生于英国，理论基础深厚，发展得比较成熟。1999年6月1日，我国房地产评估业第一部国家标准——《房地产估价规范》正式实施，对房地产估价原则、程序、方法、结果及评估师的职业道德都作了规范。1993年我国开始建立房地产估价师执业资格制度。根据建设部、人事部建房字〔1995〕147号《房地产估价师执业资格制度暂行规定》，房地产估价师是指经全国统一考试，取得房地产估价师执业资格证书，并注册登记后从事房地产估价活动的人员。国家实行房地产估价人员执业资格认证和注册制度。凡从事房地产评估业务的单位，必须配备有一定数量的房地产估价师。

国家建设部和人事部共同负责全国房地产估价师执业资格制度的政策制定、组织协调、考试、注册和监督管理工作，实行全国统一考试制度，原则上每年举行一次。人事部负责审定考试科目、考试大纲和试题，会同建设部对考试进行检查、监督、指导和确定合格标准，组织实施各项考务工作。建设部负责组织考试大纲的拟定、培训教材的编写和命题工作，统一规划并会同人事部组织或授权组织考前培训等有关工作。

2. 考试科目

考试科目包括《房地产基本制度与政策》（含房地产相关知识）、《房地产开发经营与管理》、《房地产估价理论与方法》、《房地产估价案例与分析》。

3. 报考条件

申请房地产估价师执业资格考试，需提供下列证明文件：房地产估价师执业资格考试报名申请表、学历证明和实践经历证明。

凡中华人民共和国公民，遵纪守法并具备以下条件之一者，可申请参加房地产估价师执业资格考试。具备取得房地产估价相关学科（包括房地产经营、房地产经济、土地管理、城市规划等）中等专业学历，具有八年以上相关专业工作经历，其中从事房地产估价实务满五年；取得房地产估价相关学科大专学历，具有六年以上相关专业工作经历，其中从事房地产估价实务满四年；取得房地产估价相关学科学士学位具有四年以上相关专业工作经历，其中从事房地产估价实务满三年；取得房地产估价相关学科硕士学位或第二学位、研究生班毕业，从事房地产估价实务满二年；取得房地产估价相关博士学位的；不具备上述规定学历，但通过国家统一组织的经济专业初级资格或审计、会计、统计专业助理级资格考试并取得相应资格，具有十年以上相关专业工作经历，其中从事房地产估价实务满六年，成绩特别突出。

4. 注册与执业

考试合格者，由人事部或其授权的部门颁发人事部统一印制，人事部和建设部用印的房地产估价师《执业资格证书》，经注册后全国范围有效。

国务院建设主管部门对全国注册房地产估价师注册、执业活动实施统一监督管理。省、自治区、直辖市人民政府建设（房地产）主管部门对本行政区域内注册房地产估价师的注册、执业活动实施监督管理。市、县、市辖区人民政府建设（房地产）主管部门对本行政区域内注册房地产估价师的执业活动实施监督管理。

注册房地产估价师的注册条件为：取得执业资格、达到继续教育合格标准、受聘于具有资质的房地产估价机构和无《注册房地产估价师管理办法》规定不予注册的情形。

申请注册应当向聘用单位或者其分支机构工商注册所在地的省、自治区、直辖市人民政府建设（房地产）主管部门提出注册申请。对申请初始注册，省、自治区、直辖市人民政府建设（房地产）主管部门应当自受理申请之日起20日内审查完毕，并将申请材料和初审意见报国务院建设主管部门。国务院建设主管部门应当自受理之日起20日内做出决定。对申请变更注册、延续注册，省、自治区、直辖市人民政府建设（房地产）主管部门应当自受理申请之日起5日内审查完毕，并将申请材料和初审意见报国务院建设主管部门。国务院建设主管部门应当自受理之日起10日内作出决定。

注册证书是注册房地产估价师的执业凭证。注册有效期为3年。注册有效期满需继续执业的，应当在注册有效期满30日前，按照本办法第八条规定的程序申请延续注册；延续注册的有效期为3年。

取得执业资格的人员，应当受聘于一个具有房地产估价机构资质的单位，经注册后方可从事房地产估价执业活动。注册房地产估价师可以在全国范围内开展与其聘用单位业务范围相符的房地产估价活动。

注册房地产估价师享有下列权利：使用注册房地产估价师名称；在规定范围内执行房地产估价及相关业务；签署房地产估价报告；发起设立房地产估价机构；保管和使用本人的注册证书；对本人执业活动进行解释和辩护；参加继续教育；获得相应的劳动报酬；对侵犯本人权利的行为进行申诉。

（六）资产评估师

1. 概述

注册资产评估师是指经全国统一考试合格，取得《资产评估师执业资格证书》并经注册登记的资产评估人员。1995年10月，依据国家人事部、国有资产管理局《注册资产评估师执业资格制度暂行规定》和《注册资产评估师执业资格考试实施办法》，国家开始实施资产评估师执业资格制度。2002年2月，人事部、财政部下发了《关于调整注册资产评估师执业资格考试有关政策的通知》（人发〔2002〕20号），对原有考试管理办法进行了修订。考试工作由人事部、财政部共同负责，日常工作委托中国注册会计师协会承担，具体考务工作委托人事部人事考试中心组织实施。考试每年举行一次，考试时间一般安排在9月下旬。原则上只在省会城市设立考点。报名时间为每年的3月至4月（以当地人事考试部门公布的时间为准）。

2. 考试科目

考试设《资产评估》、《经济法》、《财务会计》、《机电设备评估基础》、《建筑工程评估基础》共5个科目。考试以3年为一个周期，参加全部科目考试的人员须在连续3个考试年度内通过全部科目的考试。参加4个科目考试的人员须在连续两个考试年度内通过所报科目的考试。

从事资产评估相关工作满2年，并按照国家有关规定评聘为经济类、工程类高级专业技术职务的人员，可免试1个相应考试科目。其中，评聘为高级工程师（含相应专业的副教授、副研究员等）职务的人员，可免试《机电设备评估基础》或《建筑工程评估基础》；评聘为高级经济师（含相应专业的副教授、副研究员等）职务的人员，可免试《经济法》；高级会计师或高级审计师（含相应专业的副教授、副研究员等），可免试《财务会计》。

3. 报考条件

凡中华人民共和国公民，遵纪守法并具备以下条件之一者，均可参加注册资产评估师执业资格考试：取得经济类、工程类大专学历，工作满5年，其中从事资产评估相关工作满3年；取得经济类、工程类大学本科学历，工作满3年，其中从事资产评估相关工作满1年；取得经济类、工程类硕士学位或第二学士学位、研究生班毕业，工作满1年；取得经济类、工程类博士学位；非经济类、工程类专业毕业，其相对应的从事资产评估相关工作年限延长2年；不具备上述规定的学历，但通过国家统一组织的经济、会计、审计专业初级资格考试，取得相应专业技术资格，并从事资产评估相关工作满5年。

4. 注册与执业

资产评估师执业资格考试合格者，由各省、自治区、直辖市人事（职改）部门颁发人事部统一印制的、人事部与财政部用印的中华人民共和国《资产评估师执业资格证书》。该证书在全国范围内有效。取得《资产评估师执业资格证书》者，须按规定向所在省（区、市）注册会计师协会申请注册，经注册后的资产评估师方可执业。资产评估师注册有效期为 3 年，有效期满前 3 个月，持证者须按规定到注册机构办理再次注册手续。

（七）安全工程师

1. 概述

为了加强对安全生产工作的管理，提高安全生产专业技术人员的素质，保障人民群众生命财产安全，确保安全生产，根据《中华人民共和国安全生产法》和国家执业资格证书制度的有关规定，中华人民共和国人事部于 2002 年 9 月发布《注册安全工程师执业资格制度暂行规定》和《注册安全工程师执业资格认定办法》，规定国家对生产经营单位中安全生产管理、安全工程技术工作和为安全生产提供技术业务的中介机构的专业技术人员实行执业资格制度，纳入全国专业技术人员执业资格制度统一规划。

注册安全工程师是指通过全国统一考试，取得《中华人民共和国注册安全工程师执业资格证书》，并经注册的专业技术人员。生产经营单位中安全生产管理、安全工程技术工作等岗位及为安全生产提供技术业务的中介机构，必须配备一定数量的注册安全工程师。经国家经济贸易委员会授权，国家安全生产监督管理局负责实施注册安全工程师执业资格制度的有关工作。人事部、国家安全生产监督管理局负责全国注册安全工程师执业资格制度的政策制定、组织协调、资格考试、注册登记和监督管理等工作。

注册安全工程师执业资格实行全国统一大纲、统一命题、统一组织的考试制度，原则上每年举行一次。国家安全生产监督管理局负责拟定考试科目、编制考试大纲、编写考试用书、组织命题工作，统一规划考前培训等有关工作。

2. 考试科目

考试科目为《安全生产法及相关法律知识》、《安全生产管理知识》、《安全生产技术》和《安全生产事故案例分析》。国家人事部负责审定考试科目、考试大纲和考试试题，组织实施考务工作。会同国家安全生产监督管理局对注册安全工程师执业资格考试进行检查、监督、指导和确定合格标准。

注册安全工程师执业资格考试的考试成绩实行两年为一个周期的滚动管理办法。参加全部四个科目考试的人员必须在连续的两个考试年度内通过全部科目；免试部分科目的人员必须在一个考试年度内通过应试科目

3. 报考条件

凡中华人民共和国公民、遵守国家法律、法规，并具备下列条件之一者，可以申请参加注册安全工程师执业资格考试：取得安全工程、工程经济类专业中专学历，从事安全生产相关业务满 7 年；或取得其他专业中专学历，从事安全生产相关业务满 9 年；取得安全工程、工程经济类大学专科学历，从事安全生产相关业务满 5 年；或取得其他专业大学专科学历，从事安全生产相关业务满 7 年；取得安全工程、工程经济类大学本科学历，从事安全生产相关业务满 3 年；或取得其他专业大学本科学历，从事安全生产相关业务满 5 年；取得安全工程、工程经济类第二学士学位或研究生班毕业，从事安全生产及相关工作满 2 年；或取得其他专业第二学士学位或研究生班毕业，从事安全生产相关业务满 3 年；取得安全工程、工程经济类硕士学位，从事安全生产相关业务满 1 年或取得其他专业硕士学位，从事安全生产相关业务满 2 年；取得安全工程、工程经济类专业博士学位；或取得其他专业博士学位，从事安全生产相关业务满 1 年。

4. 注册与执业

注册安全工程师执业资格考试合格，由各省、自治区、直辖市人事部门颁发人事部统一印制，人事部和国家安全生产监督管理局用印的《中华人民共和国注册安全工程师执业资格证书》。该证书在全国范围有效。

注册安全工程师实行注册登记制度。取得《中华人民共和国注册安全工程师执业资格证书》的人员，必须经过注册登记才能以注册安全工程师名义执业。国家安全生产监督管理局或其授权的机构为注册安全工程师执业资格的注册管理机构。各省、自治区、直辖市安全生产监督管理部门，为受理注册安全工程师执业资格注册的初审机构。

取得注册安全工程师执业资格证书后，需要注册的人员，由本人提出申请，经所在单位同意，报当地省级安全生产监督管理部门初审，初审合格后，统一报国家安全生产监督管理局或其授权的机构办理注册登记手续。准

予注册的申请人，由国家安全生产监督管理局或其授权的机构核发《中华人民共和国注册安全工程师注册证》。

注册安全工程师具有以下工作职责：对生产经营单位的安全生产管理、安全监督检查、安全技术研究和安全检测检验、建设项目的安全评估、危害辨识或危险评价等工作存在的问题提出意见和建议；审核所在单位上报的有关安全生产的报告；发现有危及人身安全的紧急情况时，应及时向生产经营单位建议停止作业并组织作业人员撤离危险场所；参加建设项目安全设施的审查和竣工验收工作，并签署意见；参与重大危险源检查、评估、监控，制定事故应急预案和登记建档工作；参与编制安全规则、制定安全生产规章制度和操作规程，提出安全生产条件所必需的资金投入的建议。注册安全工程师可在生产经营单位中从事安全生产管理、安全监督检查、安全技术研究、安全工程技术检测检验、安全属性辨识、建设项目的安全评估等岗位和为安全生产提供技术业务的中介机构等范围内执业。

第二节　工程管理行业人才需求

随着我国经济的持续发展和交通、能源等基础设施投资的迅速增加，房屋建筑、公路、铁路、民航机场、港口与航道、水利水电、电力、矿山、冶炼、石油化工、市政公用、通信与广电、机电安装和装饰装修等行业建设工程数量仍将保持较大幅度的增加，工程规模也将不断扩大，工程管理行业必然需要更多、更强的从业人员。然而，在充分肯定我国工程管理行业已经取得巨大成绩，工程管理从业人员素质总体上不断提高的同时，应该清醒地认识到我国工程管理从业人员素养与工程管理实践需要之间客观存在的较大差距。通过工程管理专业教育培养大批合格的工程管理人员，是优化工程管理从业人员结构，提高我国工程管理水平的主要措施之一。

一、我国工程管理从业人员现状

以建筑业为例。目前全国建筑业从业人数已超过 4000 万人，约占全社会从业人数的 5.5%。施工工人队伍之中，80% 是仅具有初中以下文化程度，未经培训，缺乏基本的操作技能和安全知识的农民工；专业技术人员和经营管理人员的人员总数占建筑业从业人员总数的比例远远低于全国各行业的平均水平。从管理和技术人员队伍素质来看，复合型、高水平的科技人员不多；科研开发型人才偏少，科技成果转化能力较弱，技术创新能力差。项目管理人才尤其是懂得国际工程管理的总承包项目管理人才、懂得工程索赔的合同管理人才、懂技术善经营的企业经营管理人才严重缺乏。部分技术和管理人员的知识结构不尽合理，既熟悉建筑工程技术又熟悉管理、经济、法律的人才较少；外语水平较高且能熟练地进行对外工作交流，能够从事国际化经营的人才更为稀缺。在国际工程承包中常常出现管理人员、技术人员不懂外语，懂外语的人员不懂经营和技术的尴尬情况。

我国工程咨询机构如投资咨询公司、监理公司、造价咨询公司等咨询机构人员主要由勘测设计研究院、施工企业技术骨干和相应专业的本、专科毕业生等组成。从业人员较为普遍地存在市场观念较差，综合能力较弱的状况，对市场开发、合同管理和法律法规等方面了解不足，能够从事的工程咨询业务范围单一。如只能进行投资立项前的评估、设计，或只能进行施工过程监理等，普遍缺乏对工程全过程进行管理的能力。从业人员知识结构不尽合理，综合运用能力不强的状况较为突出，特别是缺乏外向型、复合型人才和熟悉 WTO 条文、精通国际惯例、外语水平高和懂法律的人才。

综上所述，我国工程管理行业现有人员状况可归纳为：大量工程管理人才在各自岗位上已经和正在发挥重要的作用；但较为普遍的存在知识面过窄，综合管理能力不强，协调沟通能力和资本运作能力较弱，面向国际市场的能力较差，创新思维、系统思维能力和团队协作精神不足等问题。

二、工程管理人才需求

工程活动已经成为了人类的中心活动领域，与工程有关的问题往往是人类面对的关键问题。一方面，工程作为直接的现实的生产力，将持续地塑造人类当前和未来的存在状况。现代工程的重大突破，必将促进一系列以知识和信息为基础的新产业部门的形成，改造、更新和提升传统工业。城市化的进程与方式由粗放式扩张向集约型内涵发展转变，企业的组织结构和劳动就业结构将发生显著变化，企业管理制度和整个经济的管理方式也将发生变革并改变传统经济运行规则。人们的劳动方式、工作方式、生活方式、休闲方式等都将发生巨大变化，从而改变人们的思想观念、道德观念和思维方式。另一方面，作为面向未来的人类行动，工程活动包含着众多风险和不确定性。人类社会面临的突出问题的产生与工程有着千丝万缕的联系。无论是食品安全问题、环境污染问题、温室效应问题，还是大规模杀伤性武器的研制、信息技术和生物工程所引发的伦理问题等，都是明显的例证。可见，从事工程活动，也就意味着对人类未来的一种谋划，意味着对人类生存状况的一种重建。就此而言，那些直接参与工程创新活动的工程管理人才，担负着通过工程来营造人类未来的重大使命。

鉴于工程塑造未来的作用越来越大，鉴于工程中包含的风险问题也会越来越严峻，未来的工程对工程管理人才的要求就会与过去有所不同。为了适应工程实践的需要和应对经济全球化、市场国际化的挑战，工程管理人才在具有良好的知识结构，较强的沟通、协调和分析问题、解决问题能力的同时，必须在下述方面提高素养，才能成为称职的工程管理者。

首先，工程管理者必须具备较强的组织领导才能。随着工程在社会发展中的作用越来越大，随着科学、技术、工程和社会之间的互动越来越强，工程管理者会有越来越多的机会扮演组织者和领导者的角色。优秀的工程管理者必须掌握组织领导原则并能够实践这些原则，有能力处理工程活动中的可能冲突，更多地介入公民社会和公共政策讨论，成为各个专业工程领域的重要角色，参与工程项目的规划、设计和建设，为所效力的机构创新发展做出贡献，在工程领域、政府组织、非政府组织、研究机构、教育机构等发挥作用，展示才能。

其次，工程管理者需要知识，更需要智慧，需要有开放的头脑和灵活的整体思维能力。为此，工程管理者应该清醒认识工程项目在"自然－社会－人文"关联中的位置和作用，正确把握工程管理在"自然－人－社会"三元互动系统中的地位和价值，能够不仅看到工程的经济价值，而且看到工程的非经济价值；不仅能够站在投资者和管理者的角度评价工程价值，而且能够站在全社会的角度评价工程的价值，包括负面价值，并努力找到协调这些价值目标的可能途径，使工程活动真正服务于可持续发展与和谐社会的建设目标。

第三，工程管理者需要明了自己肩负的伦理责任。工程是一个汇聚了科学、技术、经济、政治、法律、文化、环境等要素的系统。工程必然涉及到利益、风险和责任的分配,伦理在其中起着重要的定向和调节作用。工程系统的复杂性越来越高,工程系统的规模越来越大,工程系统运行带来的意想不到的风险也越来越高。工程能为社会经济发展和人民生活水平提高奠定坚实基础,工程也可能引发一系列人类不得不面对的重大风险。工程管理者需要有很高的伦理标准和很强的职业操守,谨慎应对工程可能包含的风险,严格履行自己肩负的社会责任。

第四,在经济全球化时代,工程管理者需要具备开阔的国际化视野,具有很强的跨文化沟通能力,拥有良好的人际交往技能与合作精神。工程活动的国际化意味着工程管理人才的全球流动,意味着随时需要跨越国界的工程创新团队。工程管理者只有具备了良好的内部和外部沟通技能,对全球市场和政治、经济、社会背景的复杂性有深入理解,才能适应经济全球化和市场国际化的挑战。

第五,工程管理者需要具有更强的知识更新能力。当今社会的快速变化和工程复杂性的增加以及知识老化速度的加快,迫切需要工程管理者不断更新知识,努力增强学习能力和创造能力,成为一个终身学习者,善于学习新事物并将新获得的知识应用于发展变化着的工程管理实践。

第六,随着工程管理作用的进一步凸现,工程管理者将会更经常地介入公共政策的讨论和咨询过程。工程技术日益融合人类生活的各个方面,工程技术对公共政策的影响将会日益明显。工程管理者介入有关公共政策议题的讨论,不仅是工程管理人才自身的责任,而且对于工程管理职业的整体形象来说也是十分必要的。充分认识工程与公共政策互动良性关系,有利于降低工程风险,增加工程成功的机会。

第三节　工程管理行业就业导向

工程管理专业学生在大学阶段按照培养目标和教学计划要求,认真完成各类课程学习和实践教学环节锻炼,能够较好掌握工程、管理、经济和法律学科的相关基础知识和技术方法,初步具备了从事工程管理工作的能力,可以在工程建设、工程监理、工程咨询等企业、部门和中介机构就职。

一、施工企业相关职位

随着我国城市建设的不断升温，建筑行业对工程技术人才的需求也随之不断增长。2009 年我国建筑企业概况如表 6-2 所示。

2009 年我国建筑企业概况　　　　　　　　　　表 6-2

	企业单位数（个）	从业人员（人）	建筑业总产值（万元）
总承包建筑企业	38375	32633706	679645884
专业承包建筑企业	32442	4091865	88431533
劳务分包建筑企业	6756	2152904	7428736

施工企业是工程管理专业毕业生就业的主要渠道之一。施工企业中毕业生较适合就职的岗位主要是从事施工管理、质量管理、安全管理、造价管理、材料管理，此外还可以从事投标等相关工作以及企业的日常管理工作。

（一）施工管理

施工管理的主要工作内容和程序是参加图纸预审；参与编制施工组织设计作业和指导书并组织实施，组织班组进行书面技术交底，随时解决施工中遇到的技术问题；根据生产作业计划签发《限额领料单》、《施工任务书》；在每个分项工程施工前进行书面安全交底，并负责制定和实施各项规章制度，强调文明施工；对现场计量工作随时进行检查，发现问题及时整改；科学运用各种统计技术对施工进行连续监控；参与质量事故安全事故的调查及处理工作；按照程序文件要求制定成品、半成品保护措施，并监督落实，搞好用户回访工作，并做好原始资料的收集整理工作。

（二）质量管理

质量管理的主要工作内容和程序是参与施工组织设计、质量计划和特殊作业指导书的编写，使其能够满足国家及上级部门颁发的施工技术质量规范和验评标准；参加班组的自检、互检、交接及预检、隐蔽工程检验、工序交接检查；对现场原材料及混凝土、砂浆配合比计量随时核查，杜绝不合格材料投入使用；定期组织质量动态分析会，积极配合上级主管部门的质量检查工作，对核查出的质量问题监督整改；在项目经理主持下，对分项分部工程进行检验和核验；工程竣工后，协助填写有关质量资料，参加单位工程的预验与正式验收。质量管理人员应该充分利用自己的知识、经验，预见性地发现施工过程中会出现的质量问题，提出对策及解决方法，严格对人员、机械、材料、方法、环境这五个影响质量的关键因素进行控制，使工程能达到国家的施工验收规范和质量验收标准，满足建筑的各种功能要求。

（三）安全管理

安全管理的主要工作内容和程序是加强自身安全素质的培养，掌握部颁强制性行业标准；每月进行安全生产情况总结，并上报伤亡事故统计表；协助有关人员搞好安全内业管理资料；做好所有新入工人安全教育，签字齐全，存档备查；对调换工种人员要有培训教育记录；对兼职安全管理人员要定期进行培训、指导；监督特殊工种人员持证上岗，遵章守纪；参加项目部每月的安全检查，查出的问题及时整改；每天进行巡检，有工作记录；对各种违章违纪、野蛮施工人员进行教育和经济处罚。

目前，部分单位和个人对安全管理工作的地位和作用尚存在一些错误认识。如认为安全管理人员可有可无，从事安全管理工作不需要专业知识等。施工过程中较为频繁出现的脚手架倒塌伤人事故，多数情况就是由于荷载过于集中，支撑不够或支撑结构不当而造成的。如果安全管理人员具备严谨的工作态度和良好的专业素养，能够尽早发现并及时采取针对性的技术措施，完全可以避免此类事故的发生。况且安全知识还涉及电气、机械设备、爆破及建筑施工等相关技术知识，缺乏系统的专业训练，很难成为合格的安全管理人员。因此，我们必须大力普及安全知识，切实加强"三级安全教育"（即公司教育、项目部教育、班组教育），正确使用安全"四宝"（即安全帽、安全带、安全网、漏电保护器），做好"四口"（即楼梯口、电梯井口、通道口、预留洞口）防护，坚决执行"四不放过"（即麻痹思想不放过、事故苗头不放过、违章作业不放过、安全漏洞不放过）原则，把好安全生产"七关"（即教育关、措施关、交底关、防护关、文明关、验收关、检查关），制定切实可行的项目安全保证计划，采用经济合理的安全技术措施，加强对施工项目现场的管理，力争建立安全文明的施工现场。

（四）造价管理

造价管理的工作内容和程序是投标时，在经营开发部门的统一指挥下，参加标书答疑和投标预算的编制。中标后，在项目经理安排下，参加施工组织设计的编制、图纸会审、编制标书预算及各项经济指标的收集、整理、分析工作。并做好施工签证、洽商、设计变更、合同变更等资料的收集工作，据此做出调整预算，并报建设单位签认。对在建工程及时做出年终小结，并报建设单位签认。按合同约定时间及时报出竣工结算，并签认上报公司管理部门。

造价管理人员开展工作的过程中，一般要注意几个问题：第一，材料预算价格，这是决定工程投资最主要的因素。造价管理人员应该深入工程所在地进行调查，收集材料的第一手资料，包括材料来源、运输渠道、价格等。第二，结构方案比选和设计工作。造价管理者应该了解设计意图和工程全貌，充分熟悉图纸，对不同的结构方案和相应的施工方案进行经济比选，提出改进意见。第三，熟悉工程现场。这要求造价管理者驻扎工地，深入项目，勘察了解地形、地质、地貌、水文、气象及施工水位等，取得第一手基础资料。第四，选择合理的施工组织。造价管理者应根据结构构件的类型、数量、堆放场地、运输和安装，材料和机械进出场，机具、设备的摆放和生活区用地等因素，综合考虑，合理布局，为项目经理选择施工组织设计提供建议。第五，合理选择施工方案。造价管理者在编制概预算时，重点对施工方案进行分析，判断其是否服从工期、质量、技术要求，是否能降低成本，并选择合理的施工方法、施工机械、施工顺序，组织流水施工。第六，临时工程。临时工程需要造价管理者深入现场调查，向建设单位了解，确定其造价及对施工方案的影响。第七，工程定额。套用定额时应正确选择子项目，不重复不遗漏，核对工程内容，详细阅读定额和图纸的说明、小注，通过对工程实际的了解、工程现场条件的调查及有关政策性法规和规定的正确采用，正确计算工程量，严格按照编制办法的规定选用适当的费率，再合理套用定额，计算其他有关费用，编制出准确度高的概预算。

（五）材料管理

一般来说，材料费用占整个工程成本费用的 60%～70%，少数特殊工程所占比例还将增大。施工的过程也就是把建筑材料转化成建筑产品的过程，而这个过程的转变主要是在施工现场进行的。因此，现场材料管理就成为整个施工过程中的重要环节，直接影响到工程的进度与质量。一个工程项目的顺利实施需要配置称职的材料管理人员。

材料管理主要工作内容程序是选择、评价合格供应商，建立合格供应商名册，建立合格供应商档案；按月做好材料采购计划和用款计划；做好进场的验收工作，严格进场材料的验收手续，及时取样试验，保证质量和数量准确无误；坚持进场料具按平面布置堆放，砂石成方。用标识牌明确标识各自材料名称、规格、数量、产地、出厂日期、质量状况等，坚持收、发、颁、领、回收、盘点制度，并做好各自材料的防火、防雨、防洪、防潮、防盗、防蛀等工作；按限额领料制度控制发料，实行节奖超罚制度，组织修旧利废，监督合理使用料具；正确填制收、发、领、退各自原始记录和凭证，建立各类台账，搞好单位工程耗料核算，分析节超原因，填制统计报表并办理经济签证，及时整理并管好账单、报表资料、建立材料计划与实际耗用档案；负责对施工工具的收发、使用监督，按规格区域码放，建立周转材料的维护保养制度；做好年终清产工作，并及时、准确制表上报。材料管理是一项庞杂而繁琐的工作，它要求管理者具有更强的责任心和奉献精神，随着项目管理中分工的细化，成本控制的理念深入人心，材料管理工作将在工程管理中占据更加重要的位置。

现场的材料管理一般分为三个阶段。

第一，施工前的准备。在承担某项施工任务后，材料管理者要仔细阅读图纸、设计说明及其他相关文件，了解工程对所使用材料的性能及质量要求，并根据图纸制定总用料计划，根据施工进度计划制定分步用料计划；配合施工管理人员绘制施工总平面图；与施工管理人员一道勘察现场，对照施工总平面图，查看工地周围的交通状况及工地内的道路是否通达，堆放材料的场地是否平整。通过调查了解，对整个工地形成一个清晰的印象，以便后续工作的顺制开展。

第二，施工过程中的管理。施工前的各项准备工作就绪后，根据分步材料计划联系合格分供方组织各项材料入场，材料管理人员要严格按照施工要求及 ISO 9002 质量认证体系的要求，对其进行验收、记录、标识，并配合工地质检部门做好原材料的复检工作。使用规范、适用的票据对材料及其使用过程进行管理是至关重要的，如计划单、验收单、日记账、月末出库表、入库单、库房分类账、出库单、限额领料单、周转材料领用单、调拨单、工具领用卡、租赁合同、退换货单、退库单等，这些票据的有效使用，不仅使繁琐的工作条理化，也实现了对材料管理的可追溯性，对整个工程项目的规范化管理也起到了促进作用。

第三，竣工后的管理。工程结束后，材料管理人员要对现场材料进行盘点、清理，做盘点表，并对一些材料、机具的完好状态进行标识，最后分批退回材料总库，认真填写退库单，并与总库管员办理交接手续，对施工过程中的票据进行整理、编号、送交材料科存查。

为了更好地进行管理，有公司提出了"日审计、周巡查、旬分析、月总结"的材料现场管理与控制方法，有效地杜绝了材料的浪费和丢失，实现了过程控制与事后考核的有机结合，为项目经济效益的提高起到了积极的促进作用。

（六）投标工作

为适应我国社会主义市场经济发展的需要，建立起市场竞争机制，促进建筑市场的进一步规范和开放，2001 年 1 月 1 日起实施的《中华人民共和国招标投标法》规定对在国内进行的大型基础设施、公用事业、使用国家投资和外资的建设项目，从勘察、设计、施工、监理到主要设备、材料的采购，强制实行招标投标制度。施工单位承接工程项目，一般需要通过中标获得。为此，施工单位的投标人员在投标竞争过程中，编制高质量的投标文件是企业能否获得工程业务的关键。一份高质量的投标文件，必须满足严谨性、规范化和标准化等基本要求，应该对招标单位有足够的吸引力，还应使施工企业获得一定的利润。为此，编写投标此文件时，需要对一定的工程对象确定明确的投标目标和指导思想，并据此确定针对性的投标模式和技巧。建筑工程施工投标工作是一项系统工程，需要多部门、多专业协调配合，建立一个强有力的投标班子，才能取得良好的效果。

投标工作从业人员应具备以下素质：有较高的政治修养，事业心强；认真执行党和国家的方针、政策，遵守国家的法律和地方法规，自觉维护国家和企业利益，意志坚强、吃苦耐劳；知识渊博、经验丰富、视野广阔、认识超前。具备经营管理、施工技术、成本核算、施工预决算等领域的专业知识与技能，能全面系统地观察、分析和解决问题，具备较强的实际工作经验；对招投标工作应遵循的法律、规章制度有充分的了解，有丰富的阅历和较强的应变能力，能对可能出现的各种问题进行预测并采取相应措施；勇于开拓，有较强的思维能力和社会活动能力，积极参加有关的社会活动，扩大信息交流，正确处理人际关系，不断吸收投标工作所必需的新知识及有关信息。

施工企业负责投标工作的相关部门及人员要搜集来自企业内部和外部与投标有关的经济、技术、社会、环境等方面的信息，并保证其正确性和真实性，做到知己知彼，为领导决策提供依据。投标过程中企业的内部信息和外部信息都是灵活多变的，只有把握住这些信息，才能最有希望在投标过程中取胜。企业内部对投标影响较大的信息因素是多方面的，主要有企业当前的施工任务情况，包括对施工技术、工艺掌握的熟练程度，后备物资的来源、供应情况，施工机械设备的型号、规格和数量等。外部信息的收集要求"快、全、准"。"快"为迅速及时，"全"为多多益善、系统积累，"准"为可靠性强，如哪里有招标项目，工程概况如何，什么日期开始招标等。要注意收集以下几个方面信息：当地建筑市场信息及投标工程项目的投标信息，如项目的规模、标段划分、主要工程量等，当地的经济发展水平和交通运输情况，招标单位的倾向性和当地的地方保护政策，了解潜在的可能投标竞争对手等。

施工企业得到招标文件后，要认真研究招标文件。参与此项工作的有关人员要精读全文，逐条认真研究招标文件内容，摸清招标人的要求及意图；与此同时也要全面了解招标文件中有关投标人（承包人）所应享受的权利和义务。在阅读招标文件、审核施工图纸、核实（算）工程量时，若发现有疑问之处，一般应要求招标方澄清勘误，并以书面形式为准。

投标策略制订是否科学、适用，对投标目标模式的实现非常关键。针对不同的投标目标模式，应该采用不同的投标技术手段，这主要基于投标者对招标文件的全面理解、对竞争对手实力的了解和把握。正确的投标策略主要来源于投标企业管理人员经验的长期积累，来源于对投标工作客观规律的认识和对实际情况的了解，来源于对竞争形势的调查、分析和研究，还取决于领导层的决策能力，做到"把握形势，以长胜短，掌握主动，随机应变"。总之，投标人员在参与投标时，应依据招标方项目要求和投标企业自身的目标，综合分析招投标工作所涉及的各方面因素，制定科学、合理、切合实际的投标策略，通过拟定高质量的投标文件和做好相关方面工作，才能取得较理想的投标效果。

二、房地产企业相关职位

随着城市化进程的加快和住房建设投资的持续增加，我国房地产开发企业个数从 2006 年的 58710 个迅速增加至 2009 年的 80407 个，平均从业人数也从 2006 年的 160.09 万人增长至 2009 年的 194.93 万人。房地产业为工程管理专业毕业生提供了广阔的就业空间。目前，工程管理专业毕业生在房地产企业中主要从事策划、投融资、营销、估价、报建等工作。

（一）房地产项目策划

房地产项目策划指对开发商的建设项目从观念、设计、区位、环境、房型、价格、品牌、包装和推广上进行资源整合，合理确定房地产目标市场的实际需求，以开发商、消费者、社会三方共同利益为中心，通过市场调查、项目定位、推广策划、销售执行等营销过程的计划、组织和控制，为开发商规划出合理的建设取向，使产品及服务完全符合消费者的需要从而使开发商获得利益的程序化管理过程。

房地产项目策划人员通常具有以下职能。

第一，概念的规划设计。受房地产开发商委托，在了解项目所在地的区域规划、区域经济发展水平、居民收入、周边房地产业状况、区域人文地理环境、潜在消费者的生活习性等信息后，对所开发的项目进行详细的诊断分析，提出项目的概念设计定位，画出概念规划图。

第二，法律顾问职能。为了规范房地产市场，国家和地方政府颁布了各种与房地产建设有关的法律制度和法规条文。除此之外，房地产开发过程中如土地代征、房屋拆迁、工程建设过程对周边居住环境的影响（施工噪音、扬尘等）和城市规划、区域建筑物高度、道路宽度限制等方面还将涉及大量现行法律法规未能明确界定和规范的问题。策划人员必须全面掌握国家相关法律法规及相关所在地涉及建设的行政规章并能加以有效运用，才能合理规避各种可能的风险。

第三，投资理财职能。策划人员需要站在开发商的立场上确保资金的有效运用，通过对项目的全程策划，力争项目在完成后实现畅销，从而使投入项目的资金获得最大的投资收益。策划人员提高资金效率主要手段不是降低成本，而是通过资金的合理分配将资金投在能使项目增值的创意设计上。

第四，组织协调职能。策划人员是房地产开发商与工程设计单位、施工单位、销售公司、广告代理商、物业管理公司等相关单位和个人联系的桥梁和纽带，通过策划人员的组织与协调，将项目的概念定位演绎为成功的产品。

第五，过程监督职能。当项目的概念定位成为设计图、施工图后，要确保设计理念由图纸准确转化为产品，其施工全过程必须有严格的监督。施工中出于各种缘故需要对设计进行调整，都必须经策划人员审定，只有这样才能保证项目概念设计能够准确定位。

第六，环境景观策划。这里所谓的环境景观主要指居住小区的环境美化，社区景观与周边街道环境、自然环境的协调问题。居住区的人性化，很大程度取决于居住区景观设计。因此，居住区景观构成将极大地影响项目产品的未来销售，而景观风格定位及如何实现则取决于策划人员。

要完成房地产项目策划的六方面职能，称职的策划人员必须具备通用型、综合性的知识结构。一个房地产项目的全程策划常常不是一个或几个策划师或咨询顾问就可以完成的，往往需要策划团队才能够胜任。

（二）投融资

房地产投资主要来源于银行贷款、自有资金和其他融资方式获得的资金。从事房地产投融资工作，必须全面了解银行贷款、房地产信托、上市融资、海外房产基金、债券融资等投融资主要渠道，熟练掌握投融资运作的相关规则和技术方法，能够根据具体的项目制定不同的融资方案，计算融资成本，预测融资状况对项目的影响，并估计项目的赢利水平，为项目的投资决策以及项目实施过程的成本控制提供对策和依据。

（三）房地产中介

工程管理专业毕业生在房地产中介机构就任的职位和主要从事的工作有资产评估、置业顾问和中介经纪人等。

房地产经纪人是指依法取得《房地产执业资格证书》并申请执业，由有关主管部门注册登记后取得《房地产经纪人注册证》，在房地产经纪机构中能独立执行房地产经纪业务的人员和自行开业设立房地产经纪机构或经房地产经纪机构授权，独立开展经纪业务并承担责任的自然人。

资产评估是由专门的机构和人员依据国家有关法律、法规，国家和有关部门的相关政策以及工程项目的技术资料，针对特定的目的，遵循一定的原则、程序、标准，运用适当的方法确定资产价格的一项工作，是一种动态的、市场化的社会经济活动。

咨询机构中置业顾问与平常所说的"售楼员"有着很大的区别，它不但要求具备较高的文化素质，还需要对建筑产品的结构、材料、施工及使月功能有深入的了解和掌握，同时具有较强的金融和投资理财知识，能够给客户提供置业、择房、贷款等咨询服务。

三、咨询和监理单位相关职位

工程管理专业毕业生在工程咨询单位可以从事的职位包括投资决策分析、项目可行性分析研究、工程预决算、图纸及造价审查等。

可行性研究是建设前期工作的重要步骤，是进行项目决策以及编制建设项目设计任务书的依据。对建设项目进行可行性研究是工程管理中的一项重要基础工作，是保证建设项目以相对较少的投资换取相对最佳经济效果的科学方法，对项目投资决策和项目运作建设具有十分重要的作用。可行性研究不仅对拟建的工程项目进行系统分析和全面论证，判断项目是否可行，是否具有投资价值，寻求最佳建设方案，避免项目方案的多变造成的人力、物力、财力的巨大浪费和时间延误。这就需要严格可行性研究的审批制度，确保可行性研究报告的质量和深度。

监理单位是专业化、社会化的中介服务机构，受业主的委托，以自身的专业技术、管理技术有效地控制工程建设项目的进度、质量、投资，公正地管理合同，使工程建设项目的总目标得以最优实现。监理制度在西方已经有较长的历史，经过不断探索和改进已较为完善。我国自 1988 年开始在建设领域实行建设工程监理制度，目前此项制度已经纳入《中华人民共和国建筑法》的规定范畴。从总体上看，我国的工程监理在不断取得发展的同时，仍存在定位不准、行为欠规范、高素质从业人员缺乏和监理取费标准比较低等问题。监理机构只有不断提升企业人才的素质，打造企业品牌，才能在竞争中立于不败之地。

近年来，我国工程监理行业发展十分迅速。截止 2009 年底，全国建设工程监理企业的营业收入约为 855 亿，单位数为 5475 个，年末从业人数达

58万人，其中注册执业人数达10余万。工程监理企业也成为工程管理专业毕业生主要就业去向之一。

工程管理专业毕业生在监理机构主要从事施工现场监理和参与监理企业日常管理工作。现场监理工作的中心是"三控制、两管理、一协调"，即质量控制、进度控制、投资控制，合同管理、信息管理和协调参与建设各方的关系。

投资控制主要是在建设前期进行可行性研究，协助业主正确地进行投资决策，控制好投资估算总额；在设计阶段对设计方案、设计标准、总概算（或修正总概算）进行审查；在建设准备阶段协助业主确定标底和合同造价；在施工阶段审核设计变更，核实已完工程量，进行工程进度款的签证和控制索赔；在工程竣工阶段审核工程结算。

进度控制首要在建设前期通过周密的分析，确定合理的工期目标，并在施工前将工期要求纳入承包合同；在建设实施期通过运筹学、网络计划技术等科学手段，审查、修改施工组织设计和进度计划，并在计划实施中紧密跟踪，做好协调和监督，排除干扰，使单项工程及其分阶段目标工期逐步实现，保证项目总工期的实现。

质量控制贯穿项目建设的全过程，包括可行性研究、设计、建设准备、施工、竣工及用后维修等各个环节。主要包括施工组织设计方案竞赛与评比，进行设计方案磋商及图纸审核，控制设计变更；在施工前通过审查承包人资质，检查建筑物所用材料、构配件、设备质量和审查施工组织设计等质量控制；在施工中通过主要技术复核，工序操作检查，隐蔽工程验收和工序成果检查，认证监督标准、规范的贯彻，以及通过阶段验收和竣工验收把好质量关。

合同管理是进行投资控制、工期控制和质量控制的手段，是现场监理人员站在公平的立场上，采取各种控制、协调和监督措施，履行纠纷调解职责的依据，也是实施工程目标控制的出发点和归宿。

信息管理要求建立反映整个工程建设过程的信息系统，监理工程师必须及时收集、分析信息，发现问题，提出对策和措施。

组织协调是监理人员通过与建设单位、施工单位、设计单位、材料供应部门、政府相关部门、金融部门等相关单位和个人加强联系、沟通，协调关系，达到增进合作、减少矛盾的目的，促进参与工程各方共同为完成工程预定目标而努力。

四、其他机构相关职位

除上述介绍的主要就业去向之外，工程管理专业的毕业生还可以在工程设计单位从事概预算、建筑设计、合同管理、招标投标及日常的管理工作，在项目业主单位作为甲方代表参与工程管理工作，在政府部门从事建设规划、工程审计、招标投标监督、项目申报审查、土地转让拍卖监督、房地产买卖监督等技术管理工作，在金融系统中从事建设项目的投融资工作，在教育机构从事工程管理及房地产相关专业的教学、科研和行政管理工作，在软件行业从事工程管理相关软件的开发及推广工作，在物业管理机构及企业从事物业管理相关工作。

思 考 题

1. 什么是市场准入制度？为什么在工程管理行业中要实行市场准入制度？

2. 工程管理行业有哪些相关执业资格认证？

3. 我国社会经济发展对工程管理专业人才提出了怎样的要求？

4. 工程管理专业毕业生的主要就业去向和工作内容是什么？

5. 为适应未来工作的需要，工程管理专业学生应做好哪些准备？

主 要 参 考 文 献

[1] 任宏. 设立工程管理一级学科的建议. 中国工程管理论坛专题报告, 2007.

[2] 任宏. 对工程管理相关专业划分以及教材改革的思考. 全国高等学校工程管理专业建设研讨会专题报告, 2007.

[3] 任宏. 对工程管理基础理论和教学的新思考. 全国普通高等学校工程管理专业院(系)院长(系主任)第三次会议专题报告, 2006.

[4] 任宏, 张巍. 工程项目管理. 北京: 高等教育出版社, 2005.

[5] 任宏等. 建设工程成本计划与控制. 北京: 高等教育出版社, 2004.

[6] 中国工程院."中国新型工业化进程中工程管理教育问题研究"咨询课题研究报告. 2005.

[7] 何继善等. 论工程管理. 中国工程科学. 2005, 10.

[8] 孙永福. 青藏铁路是怎样铺就的——青藏铁路建设管理创新与技术创新. 中国发展观察. 2006, 7.

[9] 汪应洛, 王能民. 我国工程管理学科现状及发展. 中国工程科学. 2006, 3.

[10] 汪应洛, 王能民. 我国工程管理学科发展的战略思考. 工程管理论坛文集. 2007.

[11] 汪应洛, 王宏波. 工程科学与工程哲学. 自然辩证法研究. 2005, 9.

[12] 程锦房, 何继善等. 英国大学工程管理教育分析. 工程管理论坛文集, 2007.

[13] 朱高峰, 王众托等. 关于工程管理教育的一些思考和建议. 工程管理论坛文集, 2007.

[14] 建设部工程质量安全监督与行业发展司, 建设部政策研究中心. 中国建筑业改革与发展研究报告(2006). 北京: 中国建筑工业出版社, 2006.

[15] 罗福午. 土木工程(专业)概论. 武汉: 武汉理工大学出版社, 2001.

[16] 谭章禄等. 工程管理总论. 北京: 人民交通出版社, 2007.

[17] 朱宏亮, 孟宪海等. 各国(地区)的建设法规及建设管理体制. 北京: 中国水利水电出版社, 2005.

[18] 丁烈云. 房地产开发, 北京: 中国建筑工业出版社, 1996.

[19] 王孟钧. WTO 与中国建筑业. 北京: 中国建材工业出版社, 2002.

[20] 刘晓君. 工程经济学. 北京: 中国建筑工业出版社, 2003.

[21] 王建廷. 居住中的科学. 北京: 中国建筑工业出版社, 2005.

[22] 谭大璐. 土木工程经济. 成都: 四川大学出版社, 2006.

[23] 申立银. 建筑业企业竞争力. 北京：中国建筑工业出版社，2006.

[24] 王家远，刘春乐. 建设项目风险管理. 北京：中国水利水电出版社，2004.

[25] 武永祥. 房地产开发与经营. 北京：中国财政经济出版社，2005.

[26] 杨青. 现代经济发展过程中的对外直接投资. 北京：中国财政经济出版社，2002.

[27] 丁士昭. 建设工程信息化导论. 北京：中国建筑工业出版，2005.

[28] 成虎. 工程项目管理. 北京：中国建筑工业出版社，2001.

[29] 丛培经. 工程项目管理. 北京：中国建筑工业出版社，2006.

[30] 李启明. 国际工程承包与项目管理. 南京：江苏科学技术出版社，1994.

[31] 何佰洲. 工程建设法规与案例. 北京：中国建筑工业出版社，2004.

[32] 林知炎. 建设工程总承包实务. 北京：中国建筑工业出版社，2004.

[33] 陈建国. 工程计价与造价管理. 上海：同济大学出版社，2002.

[34] 姚兵. 建筑管理学研究. 北京：北方交通大学出版社，2003.

[35] 金维兴. 21 世纪中国建筑业管理理论与实践. 北京：中国建筑工业出版社，2006.

[36] 刘长滨. 土木工程概（预）算. 武汉：武汉理工大学出版社，2001.

[37] 刘洪玉. 房地产业与社会经济. 北京：清华大学出版社，2006.

[38] 王雪青. 工程估价. 北京：中国建筑工业出版社，2006.

[39] 徐勇戈，曹吉鸣等译. 建设项目管理. 北京：高等教育出版社，2005.

[40] 何伯森. 适应走出去形势发展. 大力培养国际工程管理人才. 工程管理论坛文集. 2007.

[41] 阮连法. 建筑企业管理学. 杭州：浙江大学出版社，2004.

[42] 任宏等. 工程管理专业的发展展望. 高等建筑教育. 2001，6：33-35.

[43] 任宏，时玉发，林光明. 工程管理专业教学的新思考. 工程管理论坛文集. 2007.

[44] 竹隰生，任宏. 可持续发展与绿色施工. 基建优化. 2002，4.

[45] 廖奇云，潘晓丽，任宏. 工程概论课程教材的改革研究. 高等建筑教育. 2002，1.

[46] 姜晨光等. 我国工程管理高等教育培养目标定位问题的几点思考. 工程管理论坛文集. 2007.

[47] 贾广社等. 工程管理专业实习实践能力培养的思考. 工程管理论坛文集. 2007.

[48] 王雪青. 杨秋波. 构建特色的实践教育体系. 培养创新型工程管理人才. 工程管理论坛文集. 2007.

[49] 尹贻林，孙春玲. 工程管理专业人才终身教育模式的运行机制研究. 工程管理论坛文集. 2007，4.

[50] 陈莞. 倪德玲. 最经典的管理思想. 北京：经济科学出版社，2003.

[51] 付晓灵. 谈工程项目管理中的绿色工程. 工程建设与设计. 2003，1：34-35.

[52] 程敏. 我国工程管理专业发展回顾、现状与前瞻. 理工高教研究. 2006，4.

[53] 何伯森. 培养国际工程管理人才：思路与途径. 国际经济合作. 2007.

[54] 曹小琳,晏永刚,刘玉峰. 工程管理专业毕业设计的改革与实践. 高等建筑教育. 2006,3.

[55] 汪文雄,杨钢桥. 工程管理专业人才培养方案的修订与特色研究. 高等建筑教育. 2006,3.

[56] 戴兆华、杨平. 对工程管理专业本科人才培养的思考. 高等建筑教育. 2006，3.

[57] 单洁明. 工程管理专业发展的探讨. 高等建筑教育. 2006，3.

[58] 郗小林. 关于工程和工程管理范畴界定的探讨. 中国工程院网站.

[59] 孙至升. 修建长城的原则和方法. 中国长城网.

[60] 全国一级建造师执业资格考试用书编写委员会. 建设工程法规及相关知识、北京：中国建筑工业出版社，2007.

[61] 彭慧，陈健明. 房地产调控逼迫建筑业调整发展方向. 经理日报. 2011.4.4.

[62] 三峡工程进度. 三峡工程生态和环境监测信息管理中心. www. tgenviron. org.

[63] 重庆九龙坡区认定"钉子户"案对城市拆迁意义深远. 新华网 http：//news. xin-huanet. com/legal/2007-04/03/content_5929289. htm.

[64] Project Management Institute，*A Guide to the Project Management Body of Know ledge*，Newtown Square，Pennsylvania，2000.

[65] Warren E Allen. Establishing some basic project-management body-of-knowledge concepts. International Journal of Project Management. Volume 13，Issue 2，April 1995，Pages 77-82.

[66] Andy Atkinson. Access and the project manager-regulation or education? International Journal of Project Management. Volume 4，Issue 2，May 1986，Pages 74-76.

[67] John Campbell. Project management and the civil engineer. International Journal of Project Management. Volume 3，Issue 4，November 1985，Pages 234-238.

[68] Hans C Bjørnsson, Sven Gunnarsson and Yngve Hammarlund. Project management education in Sweden. International Journal of Project Management. Volume 7，Issue 4，November 1989，Pages 215-217.

[69] Russell D Archibald. Project management education and training in the USA. International Journal of Project Management. Volume 7，Issue 4，November 1989，Pages 199-200.

[70] Latimer，Dewitt and Chris Hendrickson，"Digital Archival of Construction Project Information," Proceedings of the International Symposium on Automation and Robotics for Construction，2002.